MAAGISCHE CARPACCIOS

MEHR ALS NUR DÜNNE SCHEIBEN

VON THURI MAAG

WERDVERLAG

Impressum

www.werdverlag.ch

Rezepte: Thuri Maag
Fotos: Erwin Auf der Maur
Gestaltung: Stephan Jungck, fortissimo.ch
Lektorat: Natascha Fischer
Druck: Bodan AG Druckerei und Verlag, Kreuzlingen

ISBN 978-3-85932-615-6

Inhalt

7 Käse

8 Früchte

9 Anhang

Vorwort

Seit ich wusste, dass ich ein Carpaccio-Buch schreiben wollte, waren meine Sinne geschärft, und meine kulinarischen Fühler waren sehr sensibel auf alles… Da traf es sich gut, dass mein Restaurant umgebaut und renoviert werden sollte, so hatte ich endlich wieder Zeit, zu reisen und 'die Batterien aufzuladen'. Der Kopf war frei für Neues.

Die Rezepte, die in der Folge entstanden, sind gespickt mit Erlebnissen aus dieser Zeit und geprägt vom Umbau der 'Neuen Blumenau', von meinen Reisen in Rumänien, Italien und der Schweiz.

Mir stand grösstenteils nur meine private Haushaltsküche (die jedoch sehr gut eingerichtet ist) zur Verfügung, was dazu führte, dass die Rezepte in der Regel einfach gehalten und volksnah, aber trotzdem kreativ sind – mein Beitrag für gesünderes, aber schmackhaftes Essen!

Die 'step by step'-Bilder ergänzen die Rezepte ideal und zeigen gleichzeitig, wie viel Spass und Lust bei den Aufnahmen mit dem Fotografen Erwin Auf der Maur im Spiel waren. Ebensoviel Vergnügen, Lust und neue Anregungen wünsche ich allen Leserinnen und Lesern, Hobbyköchen und Berufskollegen beim Schmökern, Nachkochen und Ausprobieren!

Thuri Maag

Einleitung

Es gibt Bars, die berühmte Drinks erfunden haben, und Restaurants, die bekannte Gerichte kreiert haben. Doch nur auf wenige Lokale trifft beides zu. 'Harry's Bar' in Venedig, 1931 von Giuseppe Cipriani eröffnet, ist einer dieser Orte. Sie ist nicht nur die Geburtsstätte des legendären 'Bellini', eines Cocktails auf der Basis von weissen Pfirsichen und Prosecco, benannt nach einem venezianischen Maler aus dem 15. Jahrhundert, sondern auch einer Vorspeise aus hauchdünn aufgeschnittenem rohem Filet vom Ochsen oder Rind, die als Carpaccio in die Geschichte eingegangen ist.

Das Fleisch wird fächerartig auf dem Teller ausgebreitet; Kontrast schafft eine mit Zitrone und Senf versetzte leichte Mayonnaise, die kunstvoll darüber verspritzt wird. Laut der Legende kam Cipriani die Idee 1950, als er eine italienische Komtesse zu Gast hatte, der eine Diät von rohem Fleisch verordnet worden war. Inspiriert wurde er von den Gemälden des Renaissance-Malers Vittore Carpaccio, die in Venedig damals gerade ausgestellt waren. Die Rot-Weiss-Töne in Carpaccios Bildern sollen es gewesen sein, die den Kunstliebhaber Cipriani zu dieser eleganten Vorspeise animierten.

Mit ganz frischen Zutaten, dem richtigen Messer und der richtigen Technik oder einer Aufschnittmaschine lässt sich ein klassisches Carpaccio leicht herstellen – wenn man das Fleisch vorher eine Zeitlang im Gefrierschrank fest werden lässt. Dies allerdings ist bei Puristen verpönt mit dem Argument, dass Aroma und Konsistenz darunter leiden.

Ob das Fleisch bereits hauchdünn aufgeschnitten oder erst unter einem dicken Plastiksack zur gewünschten Dicke geklopft wird – nun kann man sich künstlerisch auslassen und die Mayonnaise kreativ in unregelmässigem Muster über den Fleischscheiben verteilen. Heutzutage wesentlich beliebter als Mayonnaise ist allerdings die Variante mit einer Marinade aus Salz, Pfeffer, Zitrone und Olivenöl.

Damit das Carpaccio nicht so platt auf dem Teller liegt, kann man es mit verschiedenen Salaten unterlegen oder ausgarnieren, mit ein paar Blättchen Sauerklee, Sauerampfer, Rucola oder Nüssli-/Feldsalat etwa. Zum Schluss kommt frisch gehobelter Parmesan, Pecorino, Sbrinz oder ein anderer origineller Hartkäse dazu. Auch fein geschnittene Champignons, Steinpilze, Trüffel oder Kaiserlinge sind möglich. Schaffen Sie Kontrast! Mit grünem oder rotem Pesto, ein paar Kapern, Kräutern und essbaren Blüten.

Ein Carpaccio besteht in der heutigen Zeit jedoch nicht mehr nur zur Hauptsache aus Fleisch oder Fisch. Mittlerweile kann alles, was in dünne Scheiben geschnitten und mariniert oder mit einer Sauce serviert wird, so genannt werden, egal ob Fleisch, Fisch, Früchte oder Gemüse. Der Kreativität sind praktisch keine Grenzen gesetzt, sofern man gewisse Regeln beachtet: Ein Carpaccio muss immer zart und subtil bleiben. Die Kreationen sollten sich in erster Linie am Geschmack und nicht an optischen Gesichtspunkten orientieren. Wer ein Carpaccio überwürzt oder mit unpassenden Zutaten verunstaltet, missversteht die Genialität dieses wunderbaren Gerichts.

FISCH UND KRUSTENTIERE

Duett von Bodenseefischen

Dieses Rezept ergibt ca. 6 Portionen Carpaccio. Es lohnt sich aber auch, eine grössere Menge vorzubereiten. Die Fischrolle bleibt im Tiefkühler über 2 Monate haltbar und lässt sich bei überraschendem Besuch im Nu in eine tolle Vorspeise verwandeln.
Bei dieser Zubereitungsart ist es von Vorteil, wenn man in der Nähe eines Gewässers wohnt und das Glück hat, einen Berufsfischer wie Carlos Souviron zu kennen. Er weiss genau: Wenn grosse Fische wie Seeforelle, Zander und Hechte im Netz zappeln, sofort den Thuri anrufen! Eine halbe Stunde später liegen die Fische auf Eis im Kofferraum meines Autos auf der Rückfahrt in die 'Neue Blumenau'.

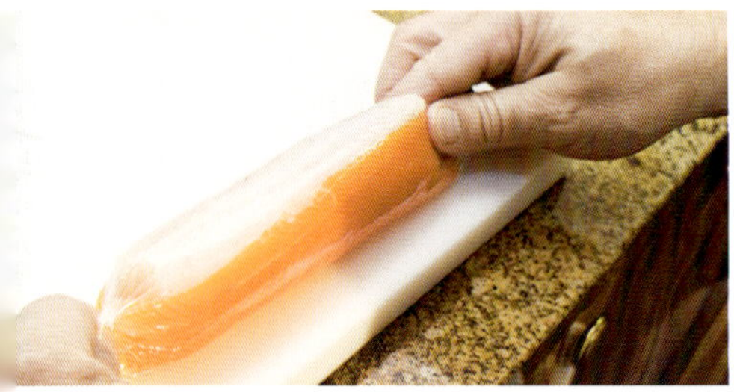

Für 6 Personen als Vorspeise

_150 g Seeforellen oder Saiblingsfilet ohne Haut
_150 g Zanderfilet ohne Haut
_rotes und schwarzes Hawaiisalz
_Pfeffer aus der Mühle
_Saft von ½ Zitrone
_6 Esslöffel Olivenöl extra vergine

Zubereitung: Den Fischfilets die Gräte zupfen und das Tranige komplett wegschneiden. Filets aufeinanderlegen und der Länge nach in Plastikfolie zu einer Wurst rollen. Damit die Wurst stabil bleibt, nochmals in Plastikfolie einpacken. Einfrieren.
Von der Plastikfolie befreien, leicht antauen lassen und auf der Aufschnittmaschine dünn schneiden.

Anrichten: Auf Teller – oder, etwas unorthodox wie auf dem Bild, auf der Unterseite eines umgedrehten, gläsernen Suppentellers – anrichten, mit Zitronensaft-Olivenöl-Gemisch bepinseln und mit Salz und Pfeffer aus der Mühle würzen.

Tipp: Mit Strudelteigkörbchen garnieren:
Eine Portion Strudelteig rund ausstechen und in heisses Öl legen. Mit einer Schöpfkelle runterdrücken, bis die Körbchen goldgelb gebacken sind. Auf Küchenpapier abtropfen lassen. Mit buntem Salat und Gemüsestäbchen füllen.

_Jakobsmuscheln mit Orangenmarinade

Für 4 Personen als Vorspeise

_1 dl Erdnussöl zum Frittieren
_1 Süsskartoffel
_8 ausgelöste grosse Jakobsmuscheln
_Saft von 1 Orange, Zeste von der Hälfte
_1 Spritzer Zitronensaft
_Orangenolivenöl oder Olivenöl extra vergine
_Meersalz
_Zitronenpfeffer
_ganz kleine Chiliwürfelchen

Zubereitung: Erdnussöl stark erhitzen. Mit dem Sparschäler längliche Streifen von der Kartoffel hobeln, ins heisse Öl geben und ca. 20 Sekunden frittieren. Sofort in ein Sieb (mit einer Schüssel darunter) abgiessen. Auf Küchenpapier geben und salzen.

Jakobsmuscheln mit einem scharfen Messer in dünne Scheiben schneiden und Teller damit belegen. Aus den übrigen Zutaten eine Marinade mischen, die Jakobsmuscheln damit beträufeln, 5 Minuten einwirken lassen.
Mit den frittierten Süsskartoffelchips dekorieren.

Lachsforelle

Lachsforelle mit Avocadotatar

Dieses Rezept ergibt mindestens 12 Portionen Lachsforellen-Carpaccio. Es lohnt sich, diese etwas grössere Menge vorzubereiten. Die Fischrolle bleibt im Tiefkühler über 2 Monate haltbar und hilft bei überraschendem Besuch, schnell eine tolle Vorspeise hinzuzaubern. Das A und O bei dieser Zubereitungsart ist die Frische der Fische. Aus diesem Grund verzichte ich auf Lachs, denn bis der Fisch bei mir in Lömmenschwil eingetroffen ist, liegt die Lachsforelle aus der nahen Fischzucht bereits seit drei Tagen fertig zubereitet im Tiefkühler… Warum denn in die Ferne schweifen, das Gute liegt so nah!

Avocadotatar

Für 4 Personen als Vorspeise

_½ reife Avocado
_1 Tomate, geschält und in Würfel geschnitten
_Saft und Zeste von ½ Zitrone
_Limonenolivenöl oder Olivenöl extra vergine
_Pfeffer aus der Mühle
_Meersalz

Lachsforellenrolle

Für 12 Personen als Vorspeise

_600 bis 700 g Lachsforellenfilet
_Fleur de sel
_Pfeffer aus der Mühle
_Thymian- und ganz kleine Basilikumblättchen
_Zwiebel-, Rettich- oder andere Sprossen

Zubereitung: Die Avocado in Würfel schneiden, die Hälfte der Tomatenwürfel, Zitronensaft, Zeste und Limonenolivenöl beifügen und abschmecken.

Dem Forellenfilet die Gräte zupfen und das Tranige komplett wegschneiden. Filet der Länge nach wie eine Wurst in Plastikfolie rollen. Damit die Wurst stabil bleibt, nochmals in Plastikfolie einpacken. Einfrieren.
Von der Plastikfolie befreien, leicht antauen lassen und auf der Aufschnittmaschine dünn schneiden.

Anrichten: Die Lachsforellenscheiben auf Teller anrichten. Einen runden Ausstecher in die Mitte setzen, mit Avocadotatar füllen, den Ausstecher vorsichtig entfernen und das Tatar mit den restlichen Tomatenwürfeln, den Thymian- und Basilikumblättchen, Zwiebel-, Rettich- oder anderen Sprossen garnieren. Das Carpaccio mit Limonenolivenöl beträufeln, mit Fleur de sel und Pfeffer würzen.

_Loup de mer an Fenchelvinaigrette mit Pastis

Für 4 Personen als Vorspeise

_250 g Loup de mer (Meerwolf), Filet
_Saft von ½ Zitrone
_1 dl Olivenöl extra vergine
_½ Fenchel
_1 Messerspitze Anissamen
_Meersalz
_Pfeffer aus der Mühle
_Pastis
_Blüten und Fenchelkraut, wenn vorhanden

Zubereitung: Das Meerwolffilet mit einem scharfen Messer in dünne Scheiben schneiden und auf Teller anrichten.
Den Fenchel quer in dünne Scheiben schneiden und grob hacken.
Beim Fenchelkraut die eine Hälfte ganz lassen, die andere Hälfte grob hacken.
Zitronensaft und Olivenöl vermischen, gehackten Fenchel, Fenchelkraut und Anissamen beigeben, würzen, mit Pastis abschmecken.

Anrichten: Die Flüssigkeit über das Carpaccio verteilen, den gehackten Fenchel daneben, mit Fenchelkraut und Blüten dekorieren.

Mögliche Beilage:

_8 Kröpek-Chips
_8 schwarze Oliven
_8 grüne Oliven
_2 Cherrytomaten
_4 kleine Artischockenherzen

Geräucherter Schwertfisch auf Kartoffelstock mit Kaviar

'Pesche spada', wie ihn der Italiener liebt, ist bei uns kaum in einer Qualität erhältlich, die es erlaubt, ihn roh zu servieren. Aus dieser Not habe ich eine Tugend gemacht und aus der haltbaren, geräucherten Version ein Carpaccio kreiert. Auch andere festfleischigen Rauchspezialitäten sind, so zubereitet, ein Festschmaus.

Für 4 Personen als Vorspeise

_250 g geräucherter Schwertfisch (Blue Marlin), Thunfisch, Butterfisch oder Stör
_8 Esslöffel Kartoffelstock
_4 Esslöffel Limonenolivenöl
_4 Teelöffel Kaviar
_1 Esslöffel Eigelb
_4 Esslöffel Sauerrahm
_1 Esslöffel Schnittlauch
_Fleur de sel
_Pfeffer aus der Mühle
_blaue Kartoffelchips

Zubereitung: Den geräucherten Fisch dünn aufschneiden und in einem Kreis anrichten. Kartoffelstock in die Mitte setzen. Sauerrahm und Schnittlauch vermischen, rund um den Kartoffelstock geben.

Anrichten: Mit einem Teelöffel Kaviar, einem blauen Kartoffelchip und Schnittlauch garnieren. Mit Eigelb beträufeln. Pfeffer über den Schwertfisch mahlen und Fleur de sel ringsherum verteilen.

_Roter Thunfisch, chinesisch inspiriert

Roter Thunfisch

Für 4 Personen als Vorspeise

Thunfisch

_250 g Thunfisch (Sushi-Qualität), Filet

_Karotten und Gurken, in Rauten geschnitten

_8 Minimaiskolben

_4 Thaischnittlauchstangen

Marinade

_Saft von ½ Zitrone

_50 g Sojasauce

_10 g frisch geriebener Ingwer

_2 Esslöffel Olivenöl

Zubereitung: Alle Zutaten für die Marinade mischen.

Anrichten: Teller mit der Marinade ausstreichen. Vom Thunfischfilet mit einem Messer möglichst dünne Scheiben schneiden und fächerförmig anrichten. Wieder mit der Marinade bestreichen und mit dem Gemüse garnieren.

Thunfisch-Pfeffersteak auf Gurkenspaghetti

Für 4 Personen als Vorspeise

_250 g Thunfischfilet (Sushi-Qualität)
_2 Esslöffel schwarze Pfefferkörner
_Erdnussöl oder Traubenkernöl zum Braten
_1 Gurke
_Limonenolivenöl oder Olivenöl extra vergine
_Fleur de sel
_4 Esslöffel Limonellosauce (siehe Seite 158)

Zubereitung: Die Pfefferkörner mit einem Pfannenboden zerdrücken. Das Thunfischfilet in die zerstossenen Pfefferkörner drücken und dann auf allen Seiten kurz und sehr heiss braten.

Die Gurke mit einem Sparschäler schälen. In der Mitte halbieren und auf der Aufschnittmaschine längliche Scheiben schneiden. Wenn die Kerne erscheinen, die Gurke um eine Vierteldrehung drehen und weiterschneiden. Mit einem Messer der Länge nach lange Streifen schneiden. Die Gurkenspaghetti 30 Sekunden im stark gesalzenen Kochwasser blanchieren, kurz im Eiswasser abkühlen, in einem Sieb abtropfen und mit Küchenpapier trockentupfen.

Anrichten: Die Gurkenspaghetti mit Limonenolivenöl und Fleur de sel abschmecken und in der Mitte der Teller verteilen. Thunfischfilet mit einem Messer in möglichst dünne Scheiben schneiden und darüber anrichten. Etwas Fleur de sel auf die Scheiben geben. Mit Limonellosauce beträufeln.

_Zander 'Südseetraum'

Dieses Gericht entstand in Erinnerung an meinen ersten Kontakt mit rohem Fisch. Während meiner Lehr- und Wanderjahre hatte ich das Glück, an Bord eines Luxusliners Tahiti besuchen zu können. Am Heiligen Abend ankerte das Schiff im Hafen von Papeete, der Hauptstadt Französisch-Polynesiens. Nebst den schönen Frauen wollten wir jungen Köche auch die einheimische Küche kennenlernen. Wir lernten beides kennen und lieben! Details im nächsten Buch.

Für 4 Personen als Vorspeise

_250 g Zanderfilet
_4 Esslöffel Gemüsejulienne (in Streifen geschnittenes Gemüse)
_1 Minimaiskolben zum Garnieren (nach Belieben)
_Saft von ½ Zitrone
_8 Esslöffel Olivenöl extra vergine
_1 dl Erdnussöl zum Frittieren
_1 Esslöffel vietnamesischer grüner Reis (im Asienshop erhältlich)
_Meersalz
_Pfeffer aus der Mühle

Zubereitung: Das Zanderfilet mit einem scharfen Messer in dünne Scheiben schneiden und auf einen Teller legen. Mit Zitronensaft, Olivenöl, Salz und Pfeffer würzen und zusammen mit Mais und Gemüsejulienne zehn Minuten marinieren. Erdnussöl stark erhitzen, den vietnamesischen grünen Reis beigeben und nur 5 bis 10 Sekunden frittieren. Sofort in ein Sieb (mit einer Schüssel darunter) abgiessen. Auf Küchenpapier geben und salzen.

Anrichten: Um dieses Gericht noch etwas exotischer zu gestalten, habe ich Bananenblätter als Unterlage verwendet. Die marinierten Fischscheiben samt Gemüse und Saft darauf verteilen. Mit gepufftem grünem Reis garnieren.

Zanderpaket mit Frühlingskräutern

Auch wenn Sie nicht alle Kräuter bekommen, sollten Sie dieses Rezept unbedingt ausprobieren. Sie werden Applaus ernten.
Auch mit anderen Fischsorten machbar und lecker.

Für 4 Personen als Vorspeise

Zanderpaket

_200–250 g Zanderfilet

_4 Eisbergsalatblätter

Marinade

_Saft von ½ Zitrone

_8 Esslöffel Olivenöl extra vergine

_1 Tomate, geschält und in Würfel geschnitten

_Meersalz

_Pfeffer aus der Mühle

_Frühlingskräuter gehackt, bestehend aus Sauerklee, Sauerampfer, Schnittlauch, Brunnenkresse, wildem Nüsslisalat und ganz wenig Bärlauch

Zubereitung: Das Zanderfilet in 4 dünne Schnitzel schneiden und mit Hilfe eines dicken Plastiksackes sehr dünn klopfen.
4 kleine Tortenförmchen mit Plastikfolie auslegen und mit je einem dünngeklopften Fischfiletstück belegen. Leicht würzen. Eisbergsalatblätter zusammenfalten und darauflegen. Mit den überlappenden Fischfiletstücken zudecken und auf Teller stürzen. Würzen.
Sämtliche Zutaten der Marinade mischen, abschmecken und über die Zanderpakete verteilen. Mit Kräutern garnieren.

Tipp: Im Frühsommer mit Wildrosenblütenblättern, Rotkleeblüten oder Kapuzinerkresseblüten dekorieren.

GEMÜSE UND PILZE MIT PFIFF

Avocado mit Muscheln und Birnen

Die Avocado ist eine der nahrhaftesten tropischen Früchte, sie liefert im Vergleich zu einem Apfel die vierfache und im Vergleich zu einer Banane die doppelte Energiemenge. Dies liegt an ihrem hohen Fettgehalt. Allerdings ist das Fett leicht verdaulich, da es reich an gesunden ungesättigten Fettsäuren und sehr wertvollen Nährstoffen ist, die für unseren Körper notwendig sind (z. B. Vitamin E, B-Vitamine, Eisen, Calcium, Magnesium und Kalium). Das bedeutet für unser Gericht, dass es sehr bekömmlich ist und nur ganz wenig Olivenöl benötigt.

Für 4 Personen als Vorspeise

_Miesmuscheln, gekocht, samt Saft
_Saft von 1, Zeste von ½ Zitrone
_frischer Meerrettich, gerieben
_2 Esslöffel Olivenöl
_Pfeffer aus der Mühle
_1 reife Avocado
_1 reife Birne, in Scheiben geschnitten
_Käsestangen oder Blätterteiggebäck

Zubereitung: Die abgeriebene Zitronenschale mit Meerrettich, acht Esslöffel Muschelsaft oder Wasser, Pfeffer, Zitronensaft und Olivenöl verrühren. Die Muscheln beigeben und abschmecken. Es wird kaum Salz brauchen, da der Muschelsaft in der Regel salzig ist.
Avocado schälen, halbieren, den Stein entfernen, die Hälften in feine Scheiben schneiden.

Anrichten: Die Avocado zusammen mit den Birnenscheiben dachziegelartig anrichten. Die Muscheln samt Marinade darüber verteilen.
Mit Blätterteiggebäck dekorieren oder separat servieren.

Fenchel

Fenchel mit gebratenen Riesencrevetten

Während meiner Italienreise fand ich auf dem Bauernmarkt in den Abruzzen unheimlich frischen Fenchel, dessen Saft fast noch aus dem Anschnitt tropfte, obwohl er schon recht gross war. Ein Genuss!

Für 4 Personen als Vorspeise

_2 grosse Fenchel mit Kraut
_Saft von ½ Zitrone oder 1 Mandarine, wenn Saison ist
_Safranbalsamico
_8 Riesencrevettenschwänze
_Olivenöl extra vergine
_Olivenöl zum Braten
_Meersalz
_Pfeffer aus der Mühle
_1 kleine Chilischote, in kleine Würfel oder Scheiben geschnitten

Zubereitung: Den Fenchel quer in nicht allzu dünne Scheiben schneiden und auf Teller anrichten.
Beim Fenchelkraut die eine Hälfte ganz lassen, die andere Hälfte grob hacken. Zitronensaft und Olivenöl extra vergine vermischen, das gehackte Fenchelkraut beigeben, würzen und die Fenchelscheiben damit bepinseln.
Die Riesencrevettenschwänze schälen, den Darm entfernen, die Crevettenschwänze bis zur Mitte einschneiden, würzen und im heissen Olivenöl braten. Auf Küchenpapier abtropfen.

Anrichten: Die Crevettenschwänze dekorativ auf den Fenchelscheiben anrichten, Safranbalsamico darüberträufeln und mit Fenchelkraut und Chili garnieren.

Gurken mit Langustinen und Vanilleeis

Viele Leute vertragen (so wie ich) rohe Gurken nicht. Schälen Sie die Gurken mit einem Sparschäler, halbieren Sie sie in der Mitte und schneiden Sie auf der Aufschnittmaschine längliche Scheiben. Erscheinen die Kerne, drehen Sie die Gurke um einen Viertel und schneiden weiter, bis alle Seiten abgehobelt sind. Blanchieren Sie die Gurkenscheiben 30 Sekunden in stark gesalzenem Kochwasser und kühlen Sie sie anschliessend kurz im Eiswasser ab – so wird Ihnen nichts mehr aufstossen. Dieses Rezept verdanke ich als Grundidee meinem Freund und kreativsten Spitzenkoch der Deutschschweiz, Martin Surbeck.

Für 4 Personen als Vorspeise

_1 Gurke
_8 Langustinenschwänze
_Saft und Zeste von ½ Zitrone oder von
_1 Mandarine, wenn Saison ist
_Olivenöl zum Braten
_Olivenöl extra vergine
_rotes und schwarzes Hawaiisalz
_Pfeffer aus der Mühle
_4 Minikugeln Vanilleeis, aus dem Handel oder selbstgemacht (siehe Seite 155)
_Schnittlauch, Schnittlauchknospen oder Schnittlauchblüten

Zubereitung: Die Gurkenscheiben wie einen Fächer auf dem Teller anrichten. Zitronensaft samt Zeste und Olivenöl extra vergine vermischen, würzen und die Gurkenscheiben damit bepinseln.
Die Langustinenschwänze schälen, den Darm entfernen, die Schwänze würzen und im heissen Olivenöl braten. Auf Küchenpapier abtropfen.

Anrichten: Die Langustinenschwänze dekorativ auf den Gurkenscheiben anrichten. Die Minikugel Vanilleeis (wenn möglich frisch gedrehtes Eis mit nur 50 g Zucker, Rezept Seite 155/156, verwenden) in die Mitte setzen und alles mit Schnittlauch, Schnittlauchknospen oder Schnittlauchblüten garnieren.

Blaue Kartoffeln mit karamellisiertem Eigelb

Für 4 Personen als Vorspeise

_4 blaue Kartoffeln, in der Schale gekocht
_Fleur de sel
_Pfeffer aus der Mühle
_Kürbiskernöl
_Crema di Balsamico
_Schnittlauch
_Frühlingszwiebelringe
_4 Eigelbe von kleinen Freilandeiern
_Rohrzucker
_4 Esslöffel Speckstreifen

Zubereitung: Die Kartoffeln noch heiss schälen, in nicht zu dünne Scheiben schneiden und auf Teller anrichten.
Mit Kürbiskernöl und Crema di Balsamico beträufeln, mit Schnittlauch und Frühlinszwiebeln bestreuen und mit Fleur de sel und Pfeffer aus der Mühle würzen.
Je ein rohes Eigelb in die Mitte der Teller setzen, Rohrzucker darüberstreuen und mit dem Bunsenbrenner karamellisieren.
Speckstreifen in einer beschichteten Bratpfanne anrösten und über die Kartoffeln verteilen.

Kohlrabi

Kohlrabi mit Minitatar, Feigen und Kernelnüssen

Wer Kohlrabi gekocht nicht mag, sollte ihn roh probieren. Als Crudité zum Dippen oder, zu unserem Thema passend, als Carpaccio. Wählen Sie jedoch Bioqualität.

Für 4 Personen als Vorspeise

Minitatar vom Jungrind

_120 g zarte, sehnen- und fettfreie Rinderhuft, wenn möglich aus Muttertierhaltung
_1 kleines Eigelb
_1 Esslöffel Olivenöl
_Meersalz, Pfeffer aus der Mühle
_wenig Currypulver, Paprika, Cayenne oder Chili
_1 Spritzer Zitronensaft

Kohlrabi-Carpaccio

_2 Stück oder ca. 300 g Kohlrabi
_Meersalz, Pfeffer aus der Mühle
_Zucker
_8 Esslöffel Olivenöl
_Saft von ½ Zitrone
_Essbare Blüten wie z. B. Phlox, Wildrosenblütenblätter, Kapuzinerkresseblüten, Veilchen, Malven, Goldmelissenblüten etc.
_20 g Kernelnüsse oder Pinienkerne und Kürbiskerne
_1 Feige

Zubereitung: Das Fleisch mit einem scharfen Messer fein schneiden, nur hacken, wenn es noch zu grob erscheint. Eigelb, Olivenöl und die restlichen Zutaten beigeben und pikant abschmecken.
Das Fleisch in vier Teile teilen und wie kleine hohe Burger formen.

Kohlrabi schälen und mit der Aufschnittmaschine oder einem Gemüsehobel von oben her (beim Stängelansatz) in hauchdünne Scheiben schneiden. Sobald der Kohlrabi gegen die Wurzel zu holzig wird, aufhören. Die Scheiben sollten fast transparent sein. Einen grossen flachen Teller damit auslegen.
Olivenöl und Zitronensaft miteinander vermischen, evtl. mit wenig Wasser verdünnen. Die Marinade mit Pfeffer, Salz und einer Prise Zucker würzen. Grob gehackte oder gezupfte bunte Blüten beigeben und das Carpaccio damit beträufeln.

In einer kleiner Bratpfanne Kernelnüsse oder Pinienkerne und Kürbiskerne ohne Zugabe von Fett trocken rösten, bis sie zu duften anfangen, und über das Kohlrabi-Carpaccio streuen.
Die kleinen Burger in die Mitte setzen. Mit Feigenschnitzen dekorieren.

Tipp: Auf Wunsch Wasabi-Erdnüsse, Honig-Safran-Kernelnüsse und Macadamia-Nüsse separat servieren.

Stangensellerie mit Jakobsmuscheln

Für 4 Personen als Vorspeise

_100 g frische Nudeln
_1 Stangensellerie (nur unteres Drittel)
_Saft von ½ Zitrone
_8 Esslöffel Olivenöl extra vergine
_1 Esslöffel Tomatenwürfel
_4 Jakobsmuscheln
_Olivenöl zum Braten
_Schwarzes Hawaiisalz
_Pfeffer aus der Mühle
_2 dl Erdnussöl zum Frittieren

Zubereitung: Nudeln in 4 Nester teilen und im heissen Öl ca. 20 Sekunden frittieren. Auf Küchenpapier geben und salzen.

Den Stangensellerie quer in nicht allzu dünne Scheiben schneiden und auf Teller anrichten. Beim Kraut im Innern die eine Hälfte ganz lassen, die andere Hälfte grob hacken.

Zitronensaft und Olivenöl extra vergine vermischen, evtl. mit etwas Wasser verdünnen, gehacktes Selleriekraut und Tomatenwürfel beigeben, würzen und den Stangensellerie damit beträufeln.

Die Jakobsmuscheln quer halbieren, würzen und im heissen Olivenöl braten. Auf Küchenpapier abtropfen.

Anrichten: Die Jakobsmuscheln dekorativ auf den Sellerieschreiben anrichten und mit frittierten Nudelnestern und Selleriekraut garnieren.

Steinpilze mit Carne crudo

Der Steinpilz ist ein so toller Pilz, dass er in diesem Buch unbedingt mehrfach vorkommen muss. Zum Auftakt vermähle ich hier zwei Highlights der italienischen Küche.

Für 4 Personen als Vorspeise

_Pilzbalsamico
_Zwiebelsprossen und Phloxblüten zum Garnieren (nach Belieben)

Carne crudo

_120 g zartes, sehnenfreies Kalbfleisch, z. B. von der Huft
_1 kleines Eigelb
_2 Esslöffel Olivenöl
_Meersalz
_Pfeffer aus der Mühle
_Etwas abgeriebene Zitronenzeste
_1 Spritzer Zitronensaft

Steinpilzcarpaccio

_100 g bestes, kaltgepresstes Olivenöl extra vergine
_Saft von ½ Zitrone
_4 feste, knackige Steinpilze, je 40–60 g schwer
_farbiges Meersalz
_Pfeffer aus der Mühle

Zubereitung: Das Fleisch mit einem scharfen Messer fein schneiden, nur hacken, wenn es noch zu grob erscheint. Eigelb, Olivenöl und die restlichen Zutaten für das Fleisch beigeben und pikant abschmecken.

Für das Steinpilzcarpaccio Olivenöl mit dem Zitronensaft vermischen und mit Salz und Pfeffer aus der Mühle würzen.
Pilze mit einem trockenen Tuch abreiben. Erdreste mit einem Messer entfernen. Die Steinpilze in feine Scheiben schneiden, auf Teller anrichten und mit der Marinade bepinseln.

Anrichten: Das Fleisch in vier Teile teilen, wie kleine Burger formen und neben die Steinpilze setzen. Mit Pilzbalsamico, Zwiebelsprossen und Phloxblüten garnieren.

Süsskartoffeln

Süsskartoffeln mit Chorizo und Bärlauchpesto

Für 4 Personen als Vorspeise

_1 Süsskartoffel von mindestens 250 g
_½ Chorizo
_2 Esslöffel Bärlauchpesto (siehe Seite 152)
_Safranbalsamico
_Parmesan am Stück

Zubereitung: Die Süsskartoffel schälen und quer in nicht allzu dünne Scheiben schneiden.
Die Scheiben blanchieren, abgiessen und auf einem Tuch abtrocknen. Einen grossen, flachen Teller damit auslegen.
Chorizo in feine Scheiben schneiden und auf die Süsskartoffeln legen.
Safranbalsamico darüberträufeln und mit Bärlauchpesto kleine Punkte setzen oder ihn separat in einem Gläschen servieren.
Mit dem Trüffelhobel Parmesan darüberhobeln.

REIN VEGETARISCHE TRÄUME

Gebratene Auberginen mit Kumato-Tomaten

Ein nach Provence duftendes Sommergericht – einfach, aber einfach genial! Die Kumato-Tomate zeichnet sich durch ein sehr intensives Aroma und lange Haltbarkeit aus. Natürlich schmeckt eine sonnengereifte Tomate aus dem eigenen Garten ebenso gut.
Lassen Sie sich von den etwas ausgefallenen Salatbouquets nicht irritieren, sondern inspirieren.

Für 4 Personen als Vorspeise

_300 g Auberginen
_4 Kumato-Tomaten oder eine andere schmackhafte Sorte
_Olivenöl zum Braten
_grob geschnittene Basilikumblätter
_Schnittlauchblüten, wenn vorhanden
_Balsamicocreme
_Fleur de sel
_Pfeffer aus der Mühle
_2 Esslöffel Basilikumolivenöl oder Olivenöl
_4 kleine Salatbouquets je nach Saison, z B. wie abgebildet Rapunzel, Pimpernelle, rote Gartenmelde, Basilikumblätter, Rucola und Gänseblümchen
_roter Basilikum-Essig (siehe Seite 154) **oder ein anderer fruchtiger Essig**

Zubereitung: Die Auberginen schälen, in ca. 5 mm dicke Scheiben schneiden und in reichlich Olivenöl braten. Auf Küchenpapier legen.
Die Kumato-Tomaten mit der Aufschnittmaschine dünn aufschneiden.

Anrichten: Auberginen und Tomaten abwechslungsweise auf Teller verteilen, mit Basilikumblättern, Schnittlauchblüten, Balsamicocreme, Fleur de sel, Pfeffer und Olivenöl würzen und ausgarnieren.
Die Salatbouquets in die Mitte setzen und mit einem fruchtigen Essig und Olivenöl beträufeln.

Blumenkohl

Blumenkohl und Romanesco an Curry-Sauerrahmdipp

Für 4 Personen als Vorspeise

Blumenkohl- und Romanesco-Carpaccio

_1 kleiner Blumenkohl
_1 kleiner Romanesco
_Mandarinenolivenöl
_Rotes Hawaiisalz
_Schwarzes Hawaiisalz
_4 Weizenmehltortillas mit Leinsamen und Weizenflocken
_Hibiskusbalsamico
_120 g ausgestochene Gemüsekugeln, knackig gekocht, z.B. Karotten, blaue Kartoffeln, Ringelranden, Kohlrabi, Sellerie, Kürbis etc.

Sauerrahmdipp

_100 g saurer Halbrahm
_½ Esslöffel Currypulver mild
_Saft und Zeste von ½ Orange
_Zitronenpfeffer
_Salz

Zubereitung: Sämtliche Zutaten für den Dipp mischen und abschmecken.
Die Tortillas aufbacken und auf grosse Teller verteilen.
Blumenkohl und Romanesco in möglichst dünne Scheiben schneiden.

Anrichten: Blumenkohl und Romanesco mit Sauerrahmdipp, Hibiskusbalsamico und Mandarinenolivenöl beträufeln und mit den Gemüsekugeln garnieren. (Mit den Strünken und den Gemüseresten der ausgestochenen Kugeln eine leckere Gemüsesuppe zubereiten.) Dezent mit Hawaiisalz bestreuen und servieren.
Am Tisch entweder mit Messer und Gabel oder, zusammengerollt, von Hand essen.

Champignons mit frischen Kräutern

Pilze sind in der Regel roh ungeniessbar oder sogar giftig. Ausnahmen bestätigen die Regel: Steinpilze, Kaiserlinge, Trüffel und Zucht-Champignons sind sehr schmackhaft. Zwar hört man oft, dass Champignons auch nicht roh gegessen werden sollten. Ich bin jedoch der Meinung, dass die Menge hier zu gering ist, um zu Verdauungsproblemen zu führen. Kleine Sünden machen das Leben doch erst lebenswert!

Für 4 Personen als Vorspeise

_ca. 300 g ganz frische, knackige Champignons
_4 Esslöffel frisch geschnittene Kräuter, z. B. Blattpetersilie, Schnittlauch, Estragon, Basilikum, Thymian, roter Basilikum
_Saft von ½ Zitrone
_8 Esslöffel Basilikumolivenöl oder Olivenöl
_1 Mini-Baguette
_Meersalz
_Pfeffer aus der Mühle
_2 Knoblauchzehen

Zubereitung: Das Baguette in dünne Scheiben schneiden und im Ofen mit Oberhitze oder auf Grillstufe knusprig backen. Noch heiss mit den halbierten Knoblauchzehen einreiben.
Die Champignons nur wenn nötig mit einem Tuch abreiben und in dünne Scheiben schneiden. In Kreisen auf Teller anrichten.
Zitronensaft, Olivenöl und Kräuter mischen, abschmecken und die Champignons damit beträufeln.
Mit Knoblauchcroutons und Kräutern garnieren.

Tipp: Feste junge Steinpilze und die raren Kaiserlinge eignen sich auch hervorragend für dieses Rezept.

Fenchel mit mediterranem Flair

Für 4 Personen als Vorspeise

- **2 grosse Fenchel mit Kraut**
- **Saft von ½ Zitrone oder Thymian-Olivenöl** (siehe Seite 155)
- **Olivenöl extra vergine**
- **Blüten-Meersalz** (siehe Seite 152) **oder Fleur de sel**
- **Pfeffer aus der Mühle**
- **8 entsteinte, grüne Oliven**
- **8 entsteinte, schwarze Oliven**
- **4 getrocknete, eingelegte Tomaten**
- **kleine Basilikumblätter**
- **Thymianblättchen**
- **Dekor-Blüten-Mix**

Zubereitung: Den Fenchel quer in nicht allzu dünne Scheiben schneiden und auf Teller anrichten.
Beim Fenchelkraut die eine Hälfte ganz lassen, die andere Hälfte grob hacken.
Zitronensaft und Olivenöl extra vergine vermischen, das gehackte Fenchelkraut und Thymianblättchen beigeben, würzen und die Fenchelscheiben damit beträufeln.
Die getrockneten Tomaten in Würfel schneiden und mit den Oliven, Basilikumblättern und dem Dekor-Blüten-Mix garnieren.

Gemüsegirlanden

Gemüsegirlanden mit Kräuteremulsion

Für 4 Personen als Vorspeise

Gemüsegirlanden

_4 lange Grissini
_1 kleiner Rettich
_1 grosse Pfälzermöhre
_1 grosse Karotte
_rotes Hawaiisalz

Zubereitung: Gemüse schälen und am besten mit der Aufschnittmaschine oder einem Gemüsehobel der Länge nach in hauchdünne Scheiben schneiden. Die Scheiben um die Grissini wickeln.

Totentrompetensenf

_4 Esslöffel milder Senf
_½ Esslöffel Honig
_4 Esslöffel Totentrompeten, gebraten

Zubereitung: Alle Zutaten mischen, mixen und in ein Einmachglas abfüllen (mehrere Wochen im Kühlschrank haltbar).

Kräuteremulsion

_30 g Olivenöl
_30 g Weisswein
_10 g Zitronensaft
_10 g gemischte Kräuter, z.B. Petersilie, Kerbel, Rucola und viel Estragon
_Zitronenpfeffer
_Salz

Zubereitung: Sämtliche Zutaten in einen Mixbecher oder in ein Einmachglas geben. Mit dem Zauberstab mixen, bis eine homogene Emulsion entsteht.

Anrichten: Mit einem Pinsel Totentrompetensenf auf die Teller malen. Die Gemüsegirlanden kunstvoll auf die Teller verteilen, mit der Kräuteremulsion beträufeln und mit dem Hawaiisalz bestreuen.

Warme Kartoffeln mit Trüffeln

Bei diesem Carpaccio ist äusserst wichtig, dass die Kartoffeln sehr dünn geschnitten sind und nicht oder nur leicht übereinander liegen.

Für 4 Personen als Vorspeise

_4 mittelgrosse Kartoffeln (ca. 120 g pro Person)
_60 g flüssige Butter
_Salz
_Pfeffer aus der Mühle
_40 g Parmesan, frisch gerieben
_Weisser oder schwarzer Trüffel, je nach Budget

Zubereitung: Die Kartoffeln schälen und mit der Aufschnittmaschine oder einem Gemüsehobel in dünne Scheiben schneiden. Die Scheiben eine Minute im Salzwasser blanchieren, in ein Sieb abgiessen und auf einem Tuch trockentupfen.
Die grossen Teller mit der flüssigen Butter bepinseln. Die Kartoffeln kreisförmig anordnen und mit der restlichen Butter bestreichen. Salzen, pfeffern und den Parmesan darüberstreuen.
Im Salamander oder bei starker Oberhitze im Ofen drei bis vier Minuten gratinieren.

Anrichten: Die Trüffel erst am Tisch darüberhobeln.

Knollensellerie

_Knollensellerie-Carpaccio-Rolle mit Bohnen-Kaffee-Paste

Für 4 Personen als Vorspeise

Knollensellerie-Carpaccio-Rolle

_½ grosser Knollensellerie
_Saft von ¼ Zitrone
_4 Esslöffel Olivenöl
_1 Esslöffel schwarzes Trüffelöl
_einige Kaffeebohnen und weisse Bohnen als Garnitur
_Crema di Balsamico
_rotes Hawaiisalz

Bohnen-Kaffee-Paste

_80 g gekochte weisse Bohnen
_10 g/1 Kaffeelöffel Senf, mild
_10 g/1 Kaffeelöffel Espresso/Ristretto
_Salz
_Pfeffer aus der Mühle
_1dl Olivenöl extra vergine

Zubereitung: Knollensellerie schälen und auf der Aufschnittmaschine in möglichst dünne Scheiben schneiden. Mit einer Mischung aus Zitronensaft und Olivenöl bepinseln, um die Oxidation zu verhindern.
Die Selleriescheiben aufeinanderlegen, zu einer satten Rolle formen, mit einem Gummi fixieren. Eine zweite Rolle vorbereiten.

Die Bohnen-Kaffee-Paste wie eine Mayonnaise ohne Eier zubereiten. Die schnellste und einfachste Zubereitung gelingt mit einem Stabmixer: Bohnen, Kaffee, Senf und die Gewürze in einen Mixbecher geben und unter ständigem Mixen das Olivenöl beifügen.

Anrichten: In die Mitte jedes Tellers einen Esslöffel Bohnenpaste geben. Die Sellerierolle in 4 Teile schneiden und darauflegen. Erneut einen Esslöffel Bohnenpaste daraufgeben und mit einer Sellerierollenscheibe bedecken.
Mit der restlichen Bohnenpaste, Bohnen und Kaffeebohnen garnieren. Mit Trüffelöl und rotem Hawaiisalz würzen und mit Crema di Balsamico dekorieren.

Ringel-Randen und Äpfel mit Himbeeressig und Manchego

Für 4 Personen als Vorspeise

_2 bis 3 möglichst kleine Randen / rote Beete (wenn möglich die dekorativen Ringel-Randen der Pro Specie Rara)
_2 Äpfel
_Saft von 1 Limone
_Himbeeressig
_Limonenolivenöl oder Olivenöl extra vergine
_feines Meersalz
_Pfeffer aus der Mühle
_1 Prise Zucker
_60 g Manchego (spanischer Schafskäse)
_Pfefferminze
_Pimpernelle
_8 frische Himbeeren

Zubereitung: Mit einem Lochausstecher das Kerngehäuse aus den Äpfeln entfernen.
Randen schälen. Beides am besten mit der Aufschnittmaschine oder einem Gemüsehobel in hauchdünne Scheiben schneiden. (Die Scheiben sollten bei den Randen fast transparent sein.) Einen grossen Teller abwechslungsweise damit auslegen.
Limonenolivenöl, Limonensaft und Himbeeressig miteinander vermischen. Die Marinade mit frisch gemahlenem Pfeffer, Salz und einer Prise Zucker würzen und das Carpaccio damit beträufeln.

Anrichten: Den Käse darüberbröckeln oder in groben Würfeln darübergeben. Mit frisch geschnittener Pfefferminze und Pimpernelle bestreuen und mit den Himbeeren garnieren.

Spargeln

Grüne Spargeln mit leichter Limonenmayonnaise

Während einer Mittagspause bei Schreiben an diesem Buch herrschte tollstes, warmes Frühlingswetter. Ich wollte meinem Körper etwas Gesundes gönnen. Da die Zeit drängte, schaute ich, was für Schätze mein Kühlschrank preisgab:
Vom Vortag hatte ich noch frisch gestochene grüne Spargeln aus der Region und Stangensellerie; daraus machte ich mir Crudité (rohe Gemüsestangen) zum Dippen. Vom Kalbsbraten 'Vitello limonello' (siehe Seite 86) war noch die Sauce da. Perfekt!
Die rohen Spargeln schmeckten so genial, dass ich sofort wieder in die Küche rauschte, um das folgende Rezept zu kreieren. Originell angerichtet, und fertig war das schöne Bild!

Für 4 Personen als Vorspeise

_8 bis 12 grüne Spargeln
_rotes und schwarzes Hawaiisalz
_Limonellosauce (siehe Seite 158)
_Mandarinenolivenöl
_Hibiskus-Balsamicocreme mit Chili

Zubereitung: Mit dem Sparschäler vom Stielende her vorsichtig dünne Streifen abschälen und nebeneinander reihen. Die Enden bündig abschneiden. Mit einem Tortenheber auf Teller setzen.
Mit den restlichen Zutaten garnieren.

_Carpaccio von jungen Steinpilzen mit Haselnussöl

Für mich schmecken rohe Steinpilze nach frisch geernteten Haselnüssen. Wieso den Steinpilzgeschmack nicht verstärken? Gesagt, getan,

Für 4 Personen als Vorspeise

_4 feste, knackige Steinpilze, je 40–60 g schwer
_8 Esslöffel Haselnussöl
_Saft von ¼ Zitrone
_feines Meersalz
_Pfeffer aus der Mühle
_2 Esslöffel Balsamico-Essig oder Pilzbalsamico
_Sauerklee oder Sauerampferblättchen
_4 Haselnüsse

Zubereitung: Haselnussöl mit dem Zitronensaft vermischen und mit Salz und Pfeffer aus der Mühle würzen.
Pilze mit einem trockenen Tuch abreiben. Erdreste mit einem Messer entfernen. Die Steinpilze in feine Scheiben schneiden und auf Glastellern oder anderen flachen Tellern anrichten.
Die Marinade über die Steinpilzscheiben träufeln und mit Sauerklee und Balsamico-Essig garnieren. Haselnüsse darüberhobeln.

Tipp: Grissini oder Blätterteiggebäck dazu servieren.

_Zucchini mit Äpfel und Pfefferminze

Auch diese Kombination entstand während meiner Italienreise, diesmal in der Stadt Matera, die 1993 von der Unesco zum Weltkulturerbe erklärt wurde. Matera liegt in der süditalienischen Region Basilicata. Ungemein sehenswert sind sicher die Höhlensiedlungen von Sassi di Matera. Mich interessierte jedoch, ehrlich gesagt, eher das Essen.
Von einem lokalen Weinhändler waren wir als 'VIPs' ins beste Restaurant eingeladen worden, was sich als Glückstreffer herausstellte. 17 Antipasti wurden in schneller Folge serviert, alles mit einfachen, frischen Produkten aus der Region, mit einem Schuss Kreativität – so wie ich es liebe! Meinen Favoriten habe ich in ein Carpaccio umgewandelt.

Für 4 Personen als Vorspeise

_1 grosse Zucchini
_2 kleine Äpfel
_8 Esslöffel Olivenöl extra vergine
_Zitronensaft
_feines Meersalz
_Pfeffer aus der Mühle
_Pfefferminzblätter
_Crema di Balsamico
_rotes Hawaiisalz oder Fleur de sel
_Dekor-Blüten-Mix
_essbare Blüten

Zubereitung: Die Zucchini waschen. Die Äpfel schälen, das Kerngehäuse ausstechen. Zucchini und Äpfel mit der Aufschnittmaschine oder einem Gemüsehobel in dünne Scheiben schneiden. Abwechslungsweise einen grossen flachen Teller damit auslegen.
Pfefferminzblätter sehr fein schneiden (nicht hacken) und mit dem Olivenöl vermischen. Mit Salz, einer Prise Zucker und Pfeffer würzen und mit Zitronensaft die nötige Frische geben. Die Pfefferminze 10 Minuten einwirken lassen und dann das Ganze über das Carpaccio verteilen. Mit Crema di Balsamico, rotem Hawaiisalz und den Blüten dekorieren.

Zucchini mit Tomatencoulis und Basilikum

Für 4 Personen als Vorspeise

_1 Tomate, geschält und in Würfel geschnitten

_2 mittelgrosse Zucchini

_8 Esslöffel Basilikumolivenöl oder Olivenöl extra vergine

_8 Esslöffel Tomatencoulis (siehe Seite 155)

_Crema di Balsamico

_rotes und schwarzes Hawaiisalz

_Pfeffer aus der Mühle

_Basilikumblätter

Zubereitung: Die Zucchini waschen und schälen, jedoch immer eine Sparschälerbreite auslassen. Am besten mit der Aufschnittmaschine oder einem Gemüsehobel dünne Scheiben schneiden und einen grossen flachen Teller damit auslegen.

Anrichten: Kunstvoll mit sämtlichen Zutaten bunt und appetitlich anrichten.

FLEISCH

Bündnerfleisch mit Gemüsemarinade

Bündnerfleisch als Carpaccio zu servieren liegt auf der Hand, da es ohnehin dünn aufgeschnitten wird. Traditionsgemäss werden Essiggurken, Cornichons, kleine Silberzwiebeln oder anderes Gemüse und Pilze, in Essig eingemacht, dazu serviert. Diese Komponenten habe ich neu gemischt. Das Resultat wird auch Traditionalisten begeistern.

Für 4 Personen als Vorspeise

_200 g fein geschnittenes Bündnerfleisch/Trockenfleisch
_1 Esslöffel kleine Gurkenwürfel
_1 Esslöffel kleine Karottenwürfel
_1 Esslöffel Eierschwämme oder andere Pilze, in kleine Scheiben geschnitten
_1 Esslöffel feine Frühlingszwiebelringe
_2 Esslöffel Haselnussöl oder Olivenöl
_1 Esslöffel Aceto Balsamico
_Schnittlauch
_Salz
_Pfeffer aus der Mühle

Zubereitung: Gurken- und Karottenwürfel kurz blanchieren und kalt abschrecken. Die Pilze würzen und in einer beschichteten Bratpfanne kurz anschwitzen. Gemüsewürfel und Pilze mit den Frühlingszwiebeln, Öl, Balsamico und Schnittlauch zu einer Marinade vermischen und abschmecken.

Anrichten: Das Bündnerfleisch dekorativ auf Teller verteilen. Die Marinade darübergeben.

Tipp: Kann auch mit Appenzeller Mostbröckli oder Walliser Trockenfleisch zubereitet werden. Dazu würde ich ein Walliser Roggenbrot servieren.

Carpaccio vom Jungrind 'Federico warm'

Dieses Rezept entstand während meiner Italienreise in den Abruzzen. Mitte April war da schon so richtig Frühling. Wir wohnten bei Freunden, am Strand in Francavilla, neben Pescara. Federico ist mit der Schweizerin Heidi verheiratet und lebt vom Frühling bis im Herbst da. Daher weiss er auch, wo die beste Wurst, der frischeste Fisch und das beste Fleisch herkommen.
Auf den Märkten boten die Bauern der Umgebung Gemüse an, das im Morgengrauen geschnitten worden war, unter anderem frische Fave (Saubohnen), kleine Artischocken und frische Erbsen. Wir scheuten keinen Aufwand und fuhren auch in die Berge zu Federicos Lieblingsmetzger. In dessen Kühlraum hingen gut abgehangene Nierstücke vom Jungrind, die der Metzger zwar als vitello bezeichnete. Egal – er musste uns ein grosses Stück samt Knochen abschneiden. Zu Hause stellte sich heraus, dass Federico rohes Fleisch eigentlich nicht gerne mag! Er servierte uns seine Version – und hier ist meine Interpretation.

Für 4 Personen als Vorspeise

_320 g Entrecote vom Jungrind aus Muttertierhaltung
_Olivenöl zum Braten
_Basilikumolivenöl
_Hibiskusbalsamico oder Crema di Balsamico
_Fleur de sel, Pfeffer aus der Mühle
_Fave (wenn erhältlich)
_Borlottibohnen (oder andere), gekocht
_grüne Bohnen, gekocht
_Cocobohnen (Schwertbohnen), gekocht
_1 kleine Artischocke
_Erbsen
_Pfefferminze

Zubereitung: Das Fleisch von Hand in möglichst dünne Scheiben schneiden, würzen und im heissen Olivenöl kurz braten. Die Scheiben aufeinanderstapeln und im Ofen bei 60° C warmhalten.
Die Bohnen schräg in 2-3 cm lange Stücke schneiden. Fave und Erbsen 30 Sekunden blanchieren, die Artischocke in dünne Scheiben schneiden und im Olivenöl anbraten. Die Pfanne vom Herd nehmen und Erbsen, Fave, alle Bohnensorten sowie grob gehackte Pfefferminze beigeben, abschmecken.

Anrichten: Das lauwarme Gemüse samt Saft in die Mitte der Teller setzen. Die gebratenen Scheiben ringsherum verteilen, mit Basilikumolivenöl und Hibiskusbalsamico beträufeln.

Carpaccio vom Jungrind 'klassisch'

Als Original bezeichnet man ein hauchdünn aufgeschnittenes, rohes Filet von Ochse oder Rind, das fächerartig auf dem Teller angerichtet wird. Kontrast schafft eine mit Zitrone und Senf versetzte leichte Mayonnaise, kunstvoll über das Fleisch verspritzt.
Dass beim Ur-Carpaccio Parmesankäse dabei war, wage ich zu bezweifeln, da es sich ja um eine Diät der Contessa Amalia Nani Mocenigo handelte.

Für 4 Personen als Vorspeise

_300 g Rindsfilet
_4 Esslöffel Mayonnaise
_1 Teelöffel körniger Senf
_1 Spritzer Zitronensaft
_Maldon Sea Salt oder Fleur de sel
_Pfeffer aus der Mühle

Zubereitung:
1. Methode:
Rindsfilet in möglichst dünne Scheiben schneiden und unter einem dicken Plastiksack zur gewünschten Dicke klopfen.

2. Methode:
Rindsfilet in Klarsichtfolie wickeln und rund 3 bis 4 Stunden anfrieren lassen. Danach etwa 5 Minuten antauen lassen und mit einem guten Messer oder der Aufschnittmaschine in hauchdünne Scheiben schneiden.

Nun kann man sich künstlerisch auslassen, denn Mayonnaise, Senf und Zitronensaft werden kreativ in unregelmässigem Muster über den Fleischscheiben verteilt. Mit Fleur de sel und der Pfeffermühle am Tisch nachwürzen.

Carpaccio vom Jungrind 'Primavera'

Primavera heisst Frühling. In diesem Rezept treffen einheimische Lebensmittel des neu erwachten Jahres zusammen.
Die Ährige Rapunzel (Phyteuma spicatum) oder Ährige Teufelskralle wächst genau in der Zeit, in der weisse und grüne Spargeln gestochen werden und die Glücklichen frische Morcheln finden. Im April isst man die jungen, zarten Blätter, von Mitte April bis Ende Mai die jungen, noch geschlossenen (grünen) Blütenknospen (Ähren), kurz vor dem Blühen.
Etwas bekannter ist da der Bärlauch. Weniger bekannt ist aber, dass man Knospen und Blüten ebenfalls essen kann und diese sehr schmackhaft sind.
Sauerklee gibt dem Gericht die nötige Frische.

Für 4 Personen als Vorspeise

_200 g Rindsfilet
_Crema di Balsamico
_Fleur de sel
_Pfeffer aus der Mühle
_2 dicke grüne Spargel
_2 dicke weisse Spargel
_Ährige Rapunzel (wenn vorhanden)
_Sauerklee
_Bärlauchblätter, Knospen und Blüten
_Blattsalat
_8 grosse Morcheln, getrocknet und eingeweicht oder frisch
_Bratbutter oder Olivenöl
_Olivenöl extra vergine
_Himbeeressig (siehe Seite 153), **Rosenessig** (siehe Seite 153), **roter Basilikum-Essig** (siehe Seite 154) **oder ein anderer fruchtiger Essig**

Zubereitung: Rindsfilet in Klarsichtfolie wickeln und rund 3 bis 4 Stunden anfrieren lassen. Danach etwa 5 Minuten antauen lassen und mit einem guten Messer oder der Aufschnittmaschine in hauchdünne Scheiben schneiden.
Auf Teller anrichten, dabei in der Mitte etwas Platz für die Garnitur lassen.
Spargeln in dicke Scheiben schneiden, die weissen 8 Minuten und die grünen 4 Minuten im Salzwasser kochen.
Die Morcheln würzen und kurz in Bratbutter oder Olivenöl anbraten. Mit den Frühlingskräutern und dem Salat auf den Tellern anrichten. Mit Fleur de sel und der Pfeffermühle würzen, mit Öl und Essig beträufeln.

_Carpaccio vom Jungrind auf Rucola-Wolke

Auf meiner Rumänienreise im Winter 2008 hatte mein deutschstämmiger Freund Hansi nach all den deftigen Gerichten die Idee, wir könnten doch etwas Leichtes essen gehen. Er kenne da in der Innenstadt von Brasov ein italienisches Restaurant, wo es Moules marinières gebe.
Als Vorspeise bestellten wir ein Carpaccio – was denn sonst. Auf Rucolasalat schwebten einige nicht allzu dünn geschnittene Scheiben vom Entrecote mit etwas gehobeltem Parmesan – himmlisch!
Die Muscheln, die folgten, waren versalzen. Wir gaben sie zurück. Die nächsten waren etwas weniger gesalzen, aber dennoch zu salzig. Was soll's – das Carpaccio war genial!

Für 4 Personen als Vorspeise

_240 g Entrecote vom Jungrind aus Muttertierhaltung
_100 g Rucola
_Olivenöl extra vergine
_Parmesan
_Fleur de sel
_Pfeffer aus der Mühle
_Crema di Balsamico
_1 kleine Frühlingszwiebel, in feinen Scheiben
_½ geschälte Tomate, in Würfeln
_Thymianblättchen
_4 lange Gurkenscheiben

Zubereitung: Entrecote in Klarsichtfolie wickeln und rund 3 bis 4 Stunden anfrieren lassen. Danach etwa 5 Minuten antauen lassen und mit einem guten Messer oder der Aufschnittmaschine in dünne Scheiben schneiden.
Tomatenwürfel mit Thymianblättchen und Olivenöl vermischen und etwas stehen lassen.

Anrichten: Die Gurkenscheiben mit Zahnstocher fixieren und auf Teller anrichten. Mit einer 'Wolke' Rucolasalat füllen, die Fleischscheiben darauflegen und Parmesan darüberhobeln. Mit Fleur de sel und Pfeffer aus der Mühle würzen und mit dem Tomaten-Olivenöl-Gemisch beträufeln.
Mit Crema di Balsamico und den Frühlingszwiebelscheiben garnieren.

Kalbsbraten 'Vitello limonello'

Pate für dieses Rezept stand das weltberühmte Piemonteser Gericht 'vitello tonnato'. Dieses war mir von der Grundidee her immer sympathisch. Zum Heulen finde ich jedoch die schreckliche Thunfischsauce, die in vielen Restaurants mit Thon aus der Dose und sauren Kapern hergestellt wird.
Als einmal von einer grösseren Gästeschar ein perfekt gegarter Kalbsrücken (schön saftig und rosa) übrig blieb, kam mir die leichte Limonen-Mayonnaise auf der Tageskarte wie gerufen. Aus dem 'vitello tonnato' wurde die neue Kreation 'vitello limonello', heute eines meiner Lieblings-Sommergerichte.
Beim Fotografieren dieses Gerichtes hatte mein Sohn Sandro seine praktische Arbeitsprüfung als Konditor/Confiseur. Seine Brioches waren so perfekt geglückt, dass ich sie unbedingt auf der Aufnahme verewigen wollte.

Für 8 Personen als Vorspeise

Limonellosauce

_1 grosses Freiland-Ei
_25 g Wasser oder natürlicher Bratensaft
_Saft und etwas Zeste von 1 Limone
_½ Teelöffel Zitronenpfeffer
_1 Teelöffel Salz
_1 dl (100 g) Traubenkernöl
_½ dl (50 g) Limonen-Olivenöl
_½ dl (50 g) Rahm (Sahne)

Kalbsbraten

_1,2 kg Kalbsschulter
_Pfeffer aus der Mühle
_Pilzstreuwürze (siehe Seite 153)
oder feines Meersalz
_1 Esslöffel Bratbutter/Butterschmalz

Zubereitung: Die Limonellosauce wie eine Mayonnaise zubereiten. Die einfachste Zubereitung gelingt mit einem Stabmixer: Ei, Wasser (oder natürlichen Bratensaft), Limonensaft, Limonen-Zeste und die Gewürze in einen Mixbecher geben und unter ständigem Mixen zuerst das Traubenkernöl, dann das Limonen-Olivenöl und zuletzt den Rahm beifügen.
Die kräftig gewürzte Kalbsschulter mit Bratbutter im Brattopf allseitig kräftig anbraten und im Ofen bei 170 °C ca. 1 - 1½ Stunden garen (Kerntemperatur 70 °C einhalten).
Den Braten herausheben und auf einem Kuchengitter auskühlen lassen.
Den Bratensaft mit ca. 1 dl Wasser ablöschen und auf ¼ dl (ca. 25 g) einkochen (reduzieren), erkalten lassen und für die Sauce beiseite stellen.

Anrichten: Den erkalteten Braten entweder mit der Aufschnittmaschine oder mit einem sehr scharfen Messer dünn aufschneiden. Die Scheiben auf kalten Tellern anrichten, mit Sauce überziehen und, mit einem bunten Blattsalat, Kräutern und essbaren Blüten dekoriert, sofort servieren.

Tipp: Sauce und Braten sind im Kühlschrank bei 4 - 6 °C gut abgedeckt problemlos eine Woche haltbar.

Kalbsfisch

Kalbsfisch mit Roquefort und blauen Kartoffeln

Kalbsfisch nennt man in der Fachsprache das dünne Teil der Unterspälte (der Keule). Dieses Stück variiert je nach Grösse des Tieres von 550 bis 750 Gramm. Ich empfehle, das ganze Stück zu nehmen, da man das Kalbfleisch ohnehin einfriert und es so mindestens zwei Monate haltbar ist.

Für 8 bis 10 Personen als Vorspeise

Kalbsfisch

_550-750 g Kalbsfisch
_ganz feine Chiliwürfel
_2-3 gekochte blaue Kartoffeln, geschält und in Rauten geschnitten
_50 g Roquefort für die Garnitur
_Schnittlauch
_Frühlingszwiebelringe
_gebratene Pilze, z.B. kleine Eierschwämmchen, Mairitterlinge oder andere

Roquefortsauce

_50 g Magerquark
_50 g Roquefort
_50 g Sauerrahm
_Weissweinessig nach Belieben
_Salz
_Pfeffer aus der Mühle

Zubereitung: Das Fleisch in Plastikfolie einpacken und zu einer Wurst rollen. Nochmals in Plastikfolie rollen, damit die Wurst stabil wird. Einfrieren.
Von der Plastikfolie befreien, leicht antauen lassen und auf der Aufschnittmaschine dünn schneiden.

Sämtliche Zutaten für die Roquefortsauce im Mixbecher fein pürieren. Eventuell mit Wasser verdünnen.

Anrichten: Etwas Roquefortsauce auf Teller streichen. Die Fleischscheiben kreisförmig darauf anrichten. Mit der übrigen Sauce beträufeln und mit den restlichen Zutaten garnieren.

Kalbsmilke

Geräucherte Kalbsmilke mit knackigem Bohnensalat

Bries wird bei uns in der Schweiz Milke genannt. Es handelt sich um eine Wachstumsdrüse, die bei Feinschmeckern sehr begehrt ist. Allen Regeln zum Trotz wässere und blanchiere ich ganz frische Kalbsmilke nie. Wichtig ist, dass man beim Metzger die sogenannte Herzmilke oder Herzbries verlangt. Noch wichtiger scheint mir jedoch, dass die Milke nie gefroren war. Schon mancher Gast hat in meinem Restaurant durch diese Zubereitungsart eine Delikatesse entdeckt.

Für 8 Personen als Vorspeise

Geräucherte Kalbsmilke

_320–500 g Kalbs-Herzmilke (dicke Stücke)
_Pilzstreuwürze oder Meersalz
_Pfeffer aus der Mühle

Knackiger Bohnensalat

_200 g feine Bohnen
_ca. 40 Cherrytomaten, halbiert
_8 Radieschen, in Würfel geschnitten
_essbare Blüten
_frische Kräuter
_3 Esslöffel Baumnussöl oder Olivenöl
_1 Esslöffel Himbeeressig
_Schwarzes Hawaiisalz
_Pfeffer aus der Mühle

Zubereitung: Milke mit Salz und Pfeffer würzen.
In einen Wok oder eine normale Pfanne mit Siebeinsatz Sägemehl auf den Boden geben. Stark erhitzen, bis Rauch entsteht. Falls nötig entflammen.
Die Milke auf das Gitter legen und mit dem Deckel zudecken. Auf mittlerer Stufe 10 bis 15 Minuten räuchern. Herausnehmen und im Ofen bei 220 °C ca. 20 Minuten fertig garen.

Bohnen ca. 5 Minuten knackig kochen und im Eiswasser kurz abschrecken. Mit Radieschenwürfeln, Öl und Essig mischen.

Anrichten: Die Bohnen wie ein Gitter in die Mitte der Teller legen. Mit den halbierten Cherrytomaten, frischen Kräutern, essbaren Blüten und schwarzem Hawaiisalz garnieren. Die restliche Marinade darüberträufeln.
Die geräucherte Kalbsmilke in Scheiben schneiden, würzen und rund um den Bohnensalat legen.

_Lammrücken mit frischen Kräutern

Lamm ist einerseits sehr gesund, andererseits auch äusserst schmackhaft. Das Rückenfilet des Lamms ist wohl das allerbeste und zarteste Stück. Da die besten Lämmer auf Magerwiesen mit vielen wilden Kräutern heranwachsen, habe ich ein Rezept mit aromatischen Kräutern kreiert.

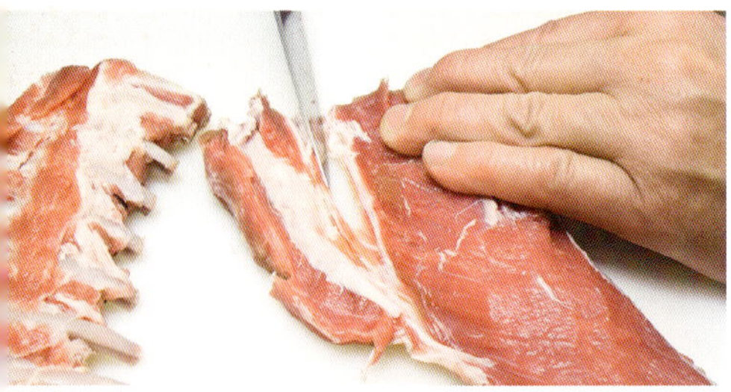

Für 4 Personen als Vorspeise

_200 g Lammrückenfilet
_1 Esslöffel Fleur de sel
_Pfeffer aus der Mühle
_Crema di Balsamico
_frische Kräuter
_1 Laugenbretzel
_Bärlauchpesto (siehe Seite152)

Zubereitung: Mit einem Pinsel Crema di Balsamico auf die Teller malen. Lammrückenfilet in feine Scheiben schneiden, würzen und wie auf dem Bild anrichten und garnieren.
Bretzel in Scheiben schneiden. Mit Bärlauchpesto bestreichen, im heissen Ofen Farbe annehmen lassen und ebenfalls auf die Teller verteilen.

Marinierter Lammrücken mit kaltem Ratatouille

Für 4 Personen als Vorspeise

Lammrücken

_200 g Lammrückenfilet
_1 Esslöffel Fleur de sel
_Pfeffer aus der Mühle
_½ Esslöffel schwarze Pfefferkörner, grob zerdrückt, oder Tropic-Pfeffer
_Haselnussöl
_Olivenöl
_frischer Thymian, Basilikum, Estragon

Ratatouille

_100 g Aubergine, in kleine Würfel geschnitten
_80 g geschälte gelbe und rote Paprika, in kleine Würfel geschnitten
_80 g Zucchini, in kleine Würfel geschnitten
_2 Esslöffel Tomatencoulis (siehe Seite 155) **oder 1 Tomate, geschält und gewürfelt**
_Olivenöl zum Braten
_2 Esslöffel Thymianolivenöl
_2 g (ca. 8) Basilikumblätter, in Streifen
_Salz, Pfeffer aus der Mühle

Zubereitung: Das Lammrückenfilet mit Fleur de sel und Pfefferkörnern bestreuen, Haselnussöl, Olivenöl und frische Kräuter beifügen, gut mischen und mit Plastikfolie abgedeckt für mindestens 5 Stunden in den Kühlschrank stellen.
Das überflüssige Salz, Kräuter und die Pfefferkörner entfernen.
In rauchig heisser Bratpfanne rundum kurz anbraten (nur je 10 Sekunden auf jeder Seite). Auf einem Kuchengitter auskühlen lassen.

Die Auberginenwürfel würzen und in viel Olivenöl heiss braten. Samt dem Öl in ein Sieb mit einer Schüssel darunter abgiessen. Das Öl wieder zurück in die Bratpfanne geben und das Gleiche mit den Paprika- und Zucchiniwürfeln wiederholen.
Das Gemüse mit den Tomaten aufkochen, mit den restlichen Zutaten abschmecken und erkalten lassen.

Anrichten: Den Lammrücken fein aufschneiden und mit dem Ratatouille wie auf dem Bild anrichten.

Tipp: Viele Leute vertragen (so wie ich) die Haut der Paprika nicht. Schälen Sie doch die knackig frischen, rohen Paprika mit einem Sparschäler. So stösst er Ihnen nicht mehr den ganzen Abend auf.

Rindsfilet im Trüffelsaft mit altem Parmesan

Für 4 Personen als Vorspeise

_200 g Rindsfilet vom Mittelstück
_8 Esslöffel Trüffelsaft
_Olivenöl
_Maldon Sea Salt oder Fleur de sel
_Pfeffer aus der Mühle
_alter Parmesan

Zubereitung: Das Fleisch möglichst fein aufschneiden und unter einem dicken Plastiksack zur gewünschten Dicke klopfen.

Anrichten: Die Scheiben kreisförmig auf Teller anrichten. Mit Trüffelsaft und Olivenöl beträufeln, Maldon-Salz darüberstreuen, pfeffern und vom alten Parmesan mit dem Trüffelhobel grobe Späne über das Fleisch hobeln.

Tafelspitz

_Tafelspitz mit Gemüsesülzchen und Meerrettich

Eine Wiener Spezialität – ma(a)gisch verzaubert!
Tafelspitz ist der sogenannte Deckel aus der Hüfte vom Rind. Ein äusserst zartes und sehnenfreies Stück Fleisch zum Kochen oder Braten. Wenn eine dünne Fettauflage vorhanden ist, kann sie beim Kochen ruhig auf dem Fleisch bleiben.

Für 8 Personen

Tafelspitz

_Ca. 500 g Tafelspitz
_1 Zwiebel
_1 Nelke
_Salz, 10 schwarze Pfefferkörner
_½ Lorbeerblatt
_½ Lauch
_1 Karotte
_1 Scheibe Knollensellerie

Gemüsesülzchen

_2 dl Tafelspitzbrühe
_200 g vom gekochten Gemüse, in Würfel geschnitten
_4 Blatt eingeweichte Gelatine

Zubereitung: 1,5 Liter Wasser mit der Zwiebel, Nelke, Pfefferkörnern, Lorbeerblatt, Salz und Suppengemüse zum Kochen bringen. Tafelspitz in das Wasser geben und auf kleinste Stufe stellen. Das Fleisch darf nicht kochen, sondern nur ca. 90 Minuten in der Brühe ziehen. Den Tafelspitz in der Brühe erkalten lassen. Zwei Deziliter Brühe sowie 200 g Gemüse zur Seite stellen, den Rest für ein anderes Gericht aufbewahren.
Tafelspitzbrühe mit Gemüsewürfeln aufkochen und eingeweichte Gelatine darin auflösen. In Espressotassen abfüllen und kaltstellen.

Garnitur

_1 Frühlingszwiebel, in Scheiben geschnitten
_Himbeeressig
_Baumnussöl
_rotes Hawaiisalz
_Kräuter
_frischer Meerrettich

Anrichten: Den Tafelspitz aufschneiden und wie im Bild anrichten und garnieren. Meerrettich darüberreiben.

Tipp: Kann auch mit Kalbfleisch zubereitet werden.

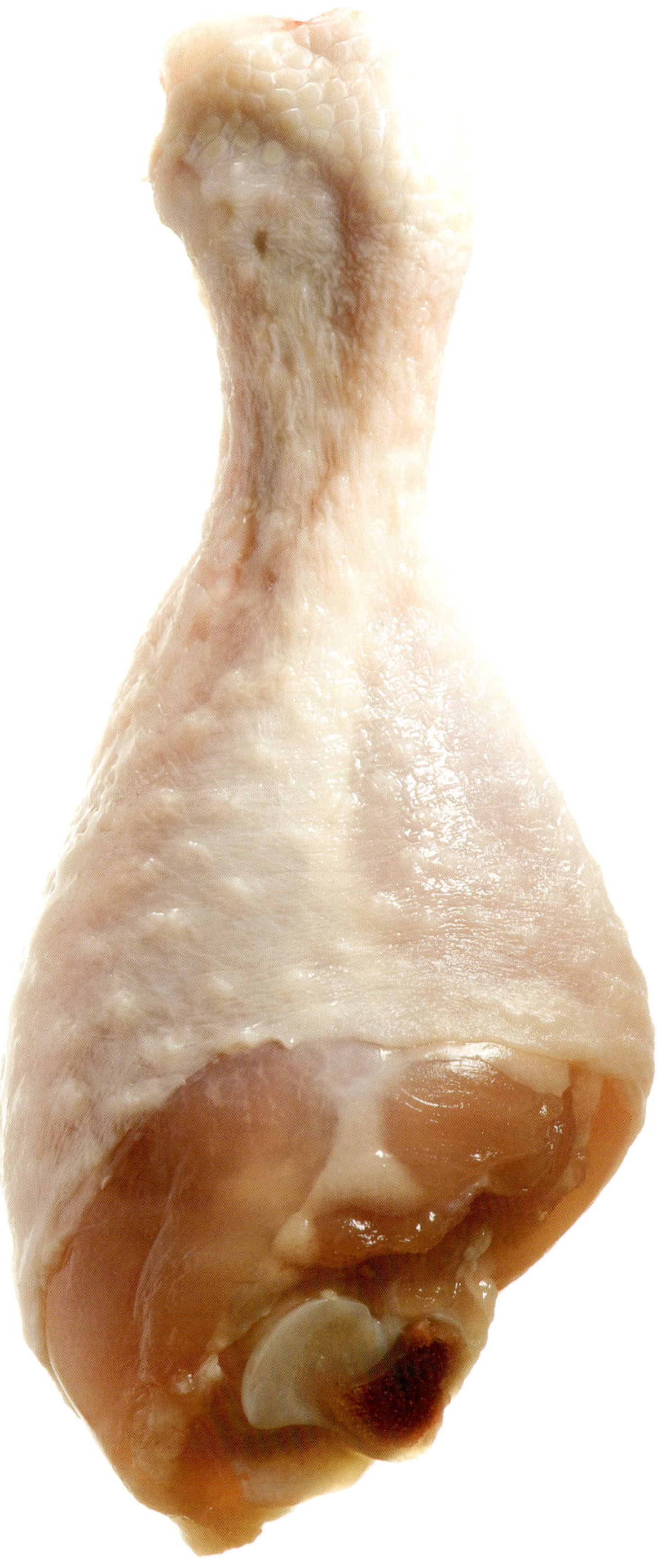

GEFLÜGEL UND KANINCHEN

Geräucherte Entenbrust mit Sellerie-Apfel-'Spaghetti'

Der klassische Waldorfsalat stand Pate bei diesem Rezept. Er wurde Ende des 19. Jahrhunderts in New York im Hotel Waldorf kreiert und gehört heute zu den Klassikern der Salatküche, der ein Comeback verdient.
Walddorfsalat besteht aus säuerlichen Äpfeln und rohem Knollensellerie, welche in feine Streifen (Julienne) geschnitten, mit gehackten Baumnüssen vermengt und mit einer leichten Mayonnaise angemacht werden. Er wird mit Zitronensaft abgeschmeckt, was auch das Oxidieren von Apfel und Sellerie verhindert.

Für 4 Personen als Vorspeise

_1 geräucherte Entenbrust, geschnitten (ist im Handel erhältlich)
_1 grosser säuerlicher Apfel
_ca. ¼ Sellerieknollen
_Saft von ½ Zitrone
_1 Esslöffel Baumnussöl
_8 Baumnusskerne
_Meersalz
_feine Chiliwürfelchen
_2 Esslöffel Mayonnaise oder Limonellosauce (siehe Seite 158)

Zubereitung: Sofern Sie einen speziellen Spaghettischneider (siehe Bilder) besitzen, benützen Sie ihn wieder einmal. Sonst den Apfel und den Sellerie mit einem Gemüsehobel, der Aufschnittmaschine oder von Hand in möglichst dünne und lange Streifen schneiden. Sofort mit Zitronensaft vermischen, um das Oxidieren zu verhindern.
Mit Salz, Baumnussöl, gehackten Baumnusskernen und Chiliwürfelchen würzen. In der Mitte der Teller anrichten. Entenbrust darauflegen und mit Baumnusskernen, Balsamico-Geléewürfel (nach Belieben, siehe unten) und Limonellosaucentupfern garnieren.

Balsamico-Geléewürfel

_1 dl stark gewürzte Bouillon
_20 g 7-jähriger Aceto di Balsamico
_2 Blatt eingeweichte Gelatine

Zubereitung: Bouillon mit Aceto aufkochen, eingeweichte Gelatine beifügen, in ein Gefäss abfüllen und kaltstellen. In Würfel schneiden.

Tipp: Blaue Kartoffelchips (selbstgemacht oder aus dem Handel) dazu servieren.

Gänseleber

Marinierte Gänseleber mit karamellisierten Äpfeln

Dieses Rezept kreierte ich für eine private Einladung von guten Freunden vor mehr als 25 Jahren. Ich sollte die erste Vorspeise zubereiten. Ich wollte zwar brillieren, jedoch mit einem Minimum an Arbeit an meinem freien Tag.
Das Resultat war in der damaligen Zeit etwas gewagt und ist auch heute noch eine Meisterleistung in Sachen Zeitaufwand und Genuss.

Für 4 Personen als Vorspeise

_200 g ganz frische Gänseleber
_1 säuerlicher Apfel, z. B. Boskop, in Scheiben
_8 rote Traubenbeeren ohne Kernen
_8 weisse Traubenbeeren ohne Kernen
_1 Esslöffel Zucker
_Fleur de sel
_Pfeffer aus der Mühle
_1 Esslöffel Sherry
_1 Esslöffel Calvados oder Cognac
_2 Esslöffel Porto
_Toast o.ä.

Zubereitung: Die Gänseleber grob entnerven und die Haut entfernen. Der Länge nach in Plastikfolie zu einer Wurst rollen; damit die Wurst stabil bleibt, nochmals in Plastikfolie einpacken. Im Tiefkühler einfrieren.
Von der Plastikfolie befreien, leicht antauen lassen und auf der Aufschnittmaschine dünn schneiden.

Anrichten: Die Teller mit Fleur de sel und Pfeffer aus der Mühle bestreuen und mit der Gänseleber auslegen. Mit Sherry, Cognac und Porto beträufeln, mit Fleur de sel und Pfeffer würzen.
Die Apfelscheiben in einer sehr heissen Pfanne mit dem Zucker karamellisieren. Noch lauwarm auf der Gänseleber verteilen.
Mit den halbierten Traubenbeeren garnieren und Toast dazu reichen.

_Doppelte Hähnchenbrust an Passionsfruchtmayonnaise

Dieses Rezept ist wie ein Chamäleon – anpassbar an jede Situation. Ein Beispiel gefällig? Beim Zubereiten einer Limonellosauce für den Kalbsbraten (Seite 86) staunte ich wieder einmal, wie genial diese Sauce doch schmeckt. Könnte man da die schöne Säure nicht mit etwas anderem austauschen?
Gedacht – getan: statt Limonen verwendete ich Passionsfrüchte. Ich war vom Resultat begeistert! Aber Kalbsbraten dazu? Da sträubten sich die kulinarischen Nackenhaare! Im Kühlschrank sassen noch drei 'Mistchratzerli'; rohes Geflügelfleisch ist jedoch wegen Salmonellengefahr tabu ... Hier meine Lösung des Problems.

Für 4 Personen als Vorspeise

Doppelte Hähnchenbrust

_2 doppelte Hähnchenbrüste, ausgelöst, von etwa 120 g
_1 Chilischote
_Currypulver mild
_Salz, Pfeffer aus der Mühle
_je 1 Esslöffel grüner Puffreis und wilder Reis
_1 dl Erdnussöl
_Bratbutter

Passionsfruchtmayonnaise

_6 Passionsfrüchte, Fruchtfleisch ausgekratzt
_1 Eigelb
_Zitronenpfeffer
_Salz
_2 dl/200 g Traubenkernöl
_ein Spritzer Zitronensaft

Zubereitung: Erdnussöl in einem kleinen Topf auf ca. 160 °C erhitzen, Reis beigeben und nur 5 bis 10 Sekunden frittieren. Sofort in ein Sieb (mit einer Schüssel darunter) abgiessen. Auf Küchenpapier geben und salzen.
Das Hähnchen mit Curry, Salz und Pfeffer würzen und in Bratbutter saftig braten. In Alufolie einpacken, zu einer Wurst einrollen, abkühlen lassen, für mindestens eine halbe Stunde in den Kühlschrank legen.
Für die Mayonnaise das ausgekratzte Fruchtfleisch der Passionsfrüchte mit Wasser auf 100 g auffüllen, kurz mixen und durch ein Spitzsieb passieren, einige Kerne zur Seite legen. Es bleibt etwa 50 g reines Fruchtmark.
Eigelb mit Gewürzen und Fruchtmark in einen Mixbecher geben. Mit dem Zauberstab schaumig mixen, das Öl im Strahl beifügen. Mit einem Spritzer Zitronensaft abschmecken. Einige Passionsfruchtkerne beifügen.

Anrichten: Mit der Passionsfruchtmayonnaise einen Saucenspiegel auf die Teller geben.
Die Hähnchenbrust in nicht zu dünne Scheiben schneiden und auf die Sauce setzen. Mit Chilischoten und Puffreis garnieren.

Tipp: Eignet sich als edle Restenverwertung für übrig gebliebenes Geflügel jeglicher Art.

Kaninchen

Kaninchen mit lauwarmen Pfifferlingen

Für 4 Personen als Vorspeise

Kaninchencarpaccio

_200 g Kaninchenrückenfilets

Zubereitung: Die Kaninchenrückenfilets in 1 cm dicke Scheiben schneiden und unter einem dicken Plastik dünnklopfen.

Pfifferlinge

_½ dl Olivenöl
_½ dl Weisswein
_ein Spritzer Zitronensaft
_100 g Pfifferlinge/Eierschwämme und Trompetenpfifferlinge
_1 Frühlingszwiebel, in Ringe geschnitten
_1 Teelöffel Schnittlauch

Zubereitung: Die Pfifferlinge wenn nötig kurz waschen, mit Küchenpapier trockentupfen, in Scheiben schneiden und würzen. Im Olivenöl mit den Zwiebelringen kurz anschwitzen, mit Weisswein ablöschen und höchstens eine Minute köcheln lassen. Schnittlauch beifügen, abschmecken und mit einem Spritzer Zitronensaft die nötige Säure geben.

Anrichten: Die Teller mit Fleur de sel und Pfeffer aus der Mühle bestreuen. Die Kaninchenscheiben darauf legen. Die noch lauwarmen Pfifferlinge samt Flüssigkeit darüber verteilen.

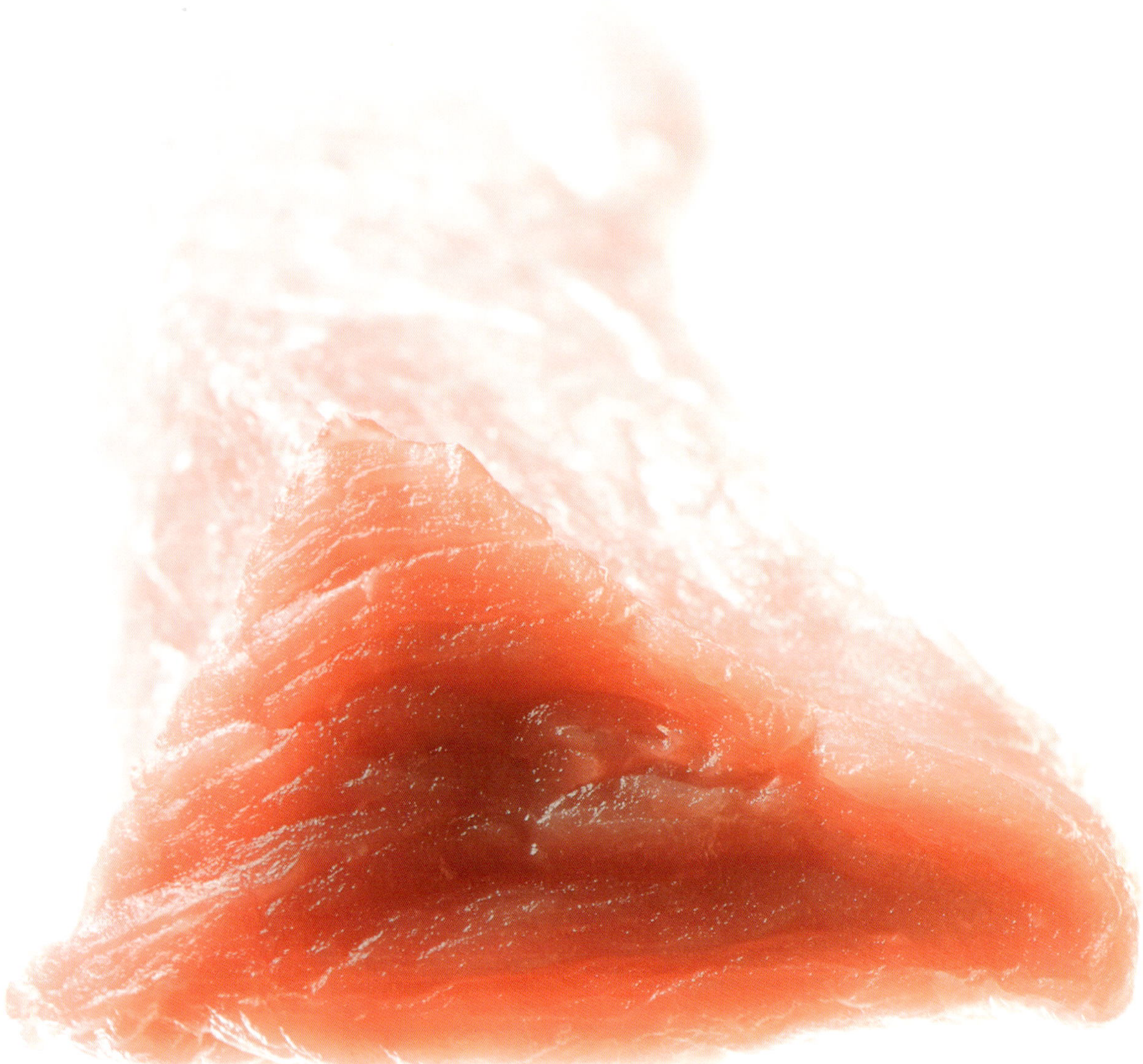

WILD

Bison, leicht geräuchert, mit Herbsttrüffel auf Pitabrot

Ein Rezept, bei dem auch der grösste Kochmuffel gut dasteht. Ein 'Sandwich' der Edelklasse.

Für 4 Personen als Vorspeise

_160 g Bisonfleisch, leicht gesalzen und geräuchert (im Handel erhältlich)

_Schwarzes Trüffelöl oder Olivenöl

_Herbsttrüffel (Menge je nach Budget)

_4 Pitabrote, frisch aufgebacken

_Fleur de sel

Zubereitung: Bisonfleisch mit einem guten Messer oder der Aufschnittmaschine in dünne Scheiben schneiden. Die Fladenbrote damit belegen, Trüffel darüberhobeln und mit Öl beträufeln. Halbieren, bei Bedarf mit Fleur de sel würzen und herzhaft von Hand geniessen.

Tipp: Kann auch mit Roastbeef, Kalbsbraten oder Trockenfleisch zubereitet werden.

Frischlingsrücken

Frischlingsrücken mit Kürbis-Marroni-Chutney

Für 8 Personen als Vorspeise

Frischlingsrücken

_400 g Frischlingsrückenfilet
_1 Esslöffel Fleur de sel
_½ Esslöffel schwarze Pfefferkörner, grob zerdrückt, oder Tropic-Pfeffer
_Kürbiskerne
_Kürbiskernöl
_Hibiskusbalsamico
_frische Lorbeerblätter und Oreganoblüten (wenn vorhanden)

Kürbis-Marroni-Chutney

_100 g Kürbis, in Würfel geschnitten
_50 g geschälte Marroni
_40 g Apfel, in kleine Würfel geschnitten
_2 Esslöffel Zucker
_1 dl Apfelwein
_60 g Butter zum Braten
_Salz
_Pfeffer aus der Mühle

Zubereitung: Das Frischlingsrückenfilet mit Fleur de sel und Pfefferkörnern bestreuen, in der heissen Bratpfanne rundum kurz anbraten. Auf ein Kuchengitter setzen und im Ofen bei 180° C ca. 8 bis 10 Minuten ziehen lassen. Auskühlen lassen.

Kürbis, Apfelwürfel und Marroni kurz anbraten, Zucker darüberstreuen und mit Apfelwein ablöschen. Zugedeckt 5 Minuten dämpfen. Mit wenig Salz und Pfeffer aus der Mühle abschmecken.

Parmesan-Hüppen-Körbchen

Ergibt 8 Hüppen mit einem Durchmesser von 11 bis 12 cm

_100 g geriebener Parmesan oder Sbrinz
_20 g Mehl

Zubereitung: Parmesan und Mehl mischen und in einen Ausstecherring streuen, der in einer heissen Teflonpfanne liegt. Die Masse goldgelb backen und drehen. Auf ein umgedrehtes Glas legen, kurz andrücken und leicht auskühlen lassen.

Anrichten: Das Fleisch nicht allzu dünn aufschneiden und wie auf dem Bild anrichten.
Das Parmesan-Hüppen-Körbchen in die Mitte setzen und mit Kürbis-Marroni-Chutney füllen.
Mit gerösteten Kürbiskernen, Hibiskusbalsamico, Lorbeerblättern und Oreganoblüten verzieren.

Hirschkalb

Hirschkalb-'Roastbeef' mit Steinpilzen

Szechuanpfeffer hat mich irgendwie schon immer an Wacholder erinnert. Wacholder ist klassisch zu Wildgerichten, Szechuanpfeffer aber interessanter!

Für 4 Personen als Vorspeise

_200 g Hirschkalbrückenfilet
_Fleur de sel
_½ Esslöffel Szechuanpfeffer, grob zerdrückt, oder Tropic-Pfeffer
_80 g junge Steinpilze
_Bratcreme oder Bratbutter
_Thymian oder Zitronenthymian
_geröstete Kürbiskerne
_Kürbiskernöl
_Hibiskusbalsamico

Zubereitung: Das Hirschkalbrückenfilet mit Fleur de sel und Szechuanpfeffer bestreuen, in der heissen Bratpfanne rundum kurz anbraten. Auf ein Kuchengitter setzen und im Ofen bei 180° C ca. 4 bis 5 Minuten ziehen lassen. Auskühlen oder lauwarm werden lassen.
Die Steinpilze klein schneiden, würzen und braten.

Anrichten: Das Fleisch nicht allzu dünn aufschneiden und anrichten. Die gebratenen Steinpilze, Hibiskusbalsamico, Fleur de sel, wenig Szechuanpfeffer, Kürbiskerne und Kürbiskernöl darübergeben.

Hirschkalbfilet mit warmem Rotkrautsalat

Hirschkalbfilet

Dieses Rezept ist während des letzten Foto-Shootings Ende September entstanden. Das Sammlerglück war mir hold – ich wurde buchstäblich von Totentrompeten erschlagen! Die Totentrompeten werden auch (weniger brutal) Herbsttrompeten genannt.

Für 4 Personen als Vorspeise

Hirschkalbfilet

_200 g Hirschkalbfilet
_Maldon-Meersalz
_Pfeffer aus der Mühle
_Oregano oder wilder Majoran

Rotkrautsalat

_80 g Rotkraut, fein geschnitten oder gehobelt
_3 Esslöffel Himbeeressig
_1 Teelöffel Zucker
_1 Esslöffel Limonenolivenöl
_Salz, Pfeffer aus der Mühle

Zubereitung: Sämtliche Zutaten für den Rotkrautsalat in einem Kochtopf mischen und mindestens eine halbe Stunde stehen lassen. Kurz vor dem Anrichten wärmen.
Hirschkalbfilet in möglichst dünne Scheiben schneiden und zwischen zwei Plastikfolien leicht klopfen.

Totentrompetenvinaigrette

_40 g gewaschene Totentrompeten
_½ Esslöffel Schalotten in Öl (siehe Seite 154)
_½ dl Weisswein
_1 Esslöffel Haselnussöl
_Salz, Pfeffer aus der Mühle

Zubereitung: Gewürzte Totentrompeten mit Schalotten in Öl kurz anschwitzen, mit Weisswein ablöschen und in einen Mixbecher oder ein hohes Gefäss geben. Haselnussöl beifügen und kurz mixen.

Anrichten: Die Filetscheiben auf den Tellern anrichten. Mit der Totentrompetenvinaigrette beträufeln und mit Meersalz und der Pfeffermühle würzen.
Mit Hilfe eines Ausstechers den Rotkrautsalat in die Mitte des Tellers setzen.
Mit Majoran dekorieren.

Rehrücken

Kurz gebratener Rehrücken mit lauwarmem Pilzsalat

Für 4 Personen als Vorspeise

Rehrückencarpaccio

- **_160 g Rehrückenfilet**
- **_1 Esslöffel Fleur de sel**
- **_Pfeffer aus der Mühle**
- **_½ Esslöffel Tropic-Pfefferkörner, grob zerdrückt**
- **_Haselnussöl**
- **_Olivenöl**
- **_frischer Thymian, Estragon**
- **_Sauerklee (nach Belieben)**
- **_Wasabi-Erdnüsse zum Garnieren (nach Belieben)**

Lauwarmer Pilzsalat

- **_200 g gemischte Waldpilze**
- **_150 g Weisswein**
- **_50 g Weissweinessig**
- **_150 g Frühlingszwiebel, in Ringe**
- **_Schnittlauch**
- **_Pfeffer aus der Mühle**
- **_1 Teelöffel Fleur de sel**
- **_80 g/8 Esslöffel kaltgepresstes Olivenöl extra vergine**
- **_200 g Eisbergsalat grob geschnitten**

Zubereitung: Das Rehrückenfilet mit Fleur de sel und Pfefferkörnern bestreuen und mit Plastikfolie abgedeckt für mindestens 5 Stunden in den Kühlschrank legen.
Das überflüssige Salz und die Pfefferkörner abreiben. In rauchig heisser Bratpfanne rundum kurz anbraten (nur je 10 Sekunden auf jeder Seite). Auf einem Kuchengitter auskühlen lassen.
Zusammen mit etwas Haselnussöl, Olivenöl und den frischen Kräutern in einen Plastiksack einfüllen und auf voller Stufe vakuumieren. Falls Sie keine Vakuummaschine besitzen, den Sack mit einem Gummiband verschliessen und den Rehrücken mindestens einen Tag im Kühlschrank marinieren lassen.
In nicht zu dünne Scheiben schneiden und auf einer Seite der Teller anrichten.

Waldpilze in nicht zu kleine Stücke schneiden. Aus den übrigen Zutaten für den Pilzsalat einen Sud bereiten und die Pilze darin mindestens 3 Minuten kochen. Den Eisbergsalat zu den leicht ausgekühlten Pilzen geben und neben den Rehrückenscheiben anrichten.

KÄSE

Bleu de Bresse

_Äpfel mit Sellerievinaigrette und Bleu de Bresse

Für 4 Personen

_8 säuerliche Äpfel, z. B. Idared
_Saft von ½ Zitrone
_4 Esslöffel Knollenselleriewürfel
_8 Esslöffel Haselnuss- oder Baumnussöl
_1 Prise Zucker
_Baumnusskerne (wenn möglich rote Donaunüsse)
_200 g Bleu de Bresse oder ein einheimischer Blauschimmelkäse, in Scheiben geschnitten
_4 Scheiben Birnenbrot, in grobe Würfel geschnitten

Zubereitung: Die Äpfel mit einem Ausstecher vom Kerngehäuse befreien. Mit der Aufschnittmaschine oder einem scharfen Messer in dünne Scheiben schneiden und mit Zitronensaft bepinseln. Die Scheiben kreisförmig auf Teller anrichten. Den restlichen Zitronensaft an die Knollenselleriewürfel geben, Haselnuss- oder Baumnussöl, Zucker und grob gehackte Baumnüsse beifügen.
Die Marinade über das Apfelcarpaccio verteilen und alles mit Käse belegen.
Mit Birnenbrot und Baumnusskernen garnieren.

Alter Greyerzer mit Zitronenchutney

Pimpernelle ist für mich die ideale Kombination zu Käse. Verwendet werden nur die jungen Blätter, die für mich nach erntefrischen Baumnüssen schmecken. Sollten Sie keine Pimpernelle bekommen, können Sie auch Baumnüsse verwenden. Achtung: die im Handel erhältlichen Baumnüsse werden schnell ranzig!

Für 4 Personen

_150 g alter Greyerzer
_1 Esslöffel Früchtebrotwürfel vom Bäcker
_1 Esslöffel Kürbiskerne
_Kürbiskernöl
_4 Esslöffel Zitronenchutney (siehe Seite 156)
_Pimpernelle (wenn erhältlich)

Zubereitung: Die Rinde des Käses entfernen und den Greyerzer mit einem Hobel, der Aufschnittmaschine oder von Hand in feine Scheiben schneiden. Auf Teller anrichten und mit Zitronenchutney garnieren.
Früchtebrotwürfel und Kürbiskerne in einer beschichteten Pfanne kurz rösten und über den Käse verteilen.
Mit Kürbiskernöl und Pimpernelle dekorieren.

_Schafsbrie mit Herbsttrüffeln

Für 4 Personen als Vorspeise oder als Dessertkäse

_250 g Schafsbrie oder Brie de Meau
_schwarze Trüffelpaste aus der Tube (im Handel erhältlich)
_Herbsttrüffel je nach Budget
_Schwarzes Trüffel- oder Haselnussöl
_4 Scheiben Toastbrot

Zubereitung: Brie in möglichst feine Scheiben schneiden und auf Teller anrichten. Trüffel darüberhobeln, mit Öl beträufeln.
Die Toastbrotscheiben mit Trüffelpaste bestreichen und im Toaster oder Salamander knusprig bräunen, in Stifte schneiden und das Carpaccio damit garnieren.

Försterkäse

Toggenburger Försterkäse mit Baumnüssen

Für 4 Personen als Vorspeise oder als Dessertkäse

_250 g Försterkäse oder ein anderer Rotschmierkäse
_4 Scheiben Vollkornbrot
_1 dl Bratcreme
_Kümmel
_Pimpernelle
_Baumnussöl
_20 g Baumnusskerne
_1 Esslöffel Aceto Balsamico di Modena, 7-jährig

Zubereitung: Nüsse grob hacken und mit 2 Esslöffel Baumnussöl und Aceto Balsamico zu einer Vinaigrette mischen.

Anrichten: Försterkäse in möglichst feine Scheiben schneiden und auf Teller anrichten.
Wenig Kümmel darüberstreuen und mit der Flüssigkeit der Baumnussvinaigrette beträufeln.
Die Vollkornbrotscheiben in grobe Würfel schneiden, in der Bratcreme knusprig bräunen, in ein Sieb abschütten und den Käse damit garnieren.
Pimpernellenblätter zupfen und mit den restlichen Baumnusskernen vermischen. Separat zum Käsecarpaccio servieren.

Wassermelone mit roten Zwiebeln und Appenzeller

Anstelle eines 'normalen' Käsetellers serviere ich in einem Menü gerne kleine, etwas verrückte Kombinationen, welche die Geschmacksnerven kitzeln.

Für 4 Personen

_ca. 400 g Wassermelone
_150 g Appenzellerkäse extra
_1 Chilischote
_1 rote Zwiebel
_Orangenfilets von 1 Orange
_schwarzes Hawaiisalz
_Buntnesseln oder Zitronenmelisse

Zubereitung: Die Wassermelone auf der Aufschnittmaschine in vier dünne Scheiben schneiden.
Den Käse in grobe Würfel, die Chilischote in hauchdünne Scheiben und die rote Zwiebel in feine Streifen schneiden.
Mit Buntnesseln, Orangenfilets und schwarzem Hawaiisalz garnieren.

Optimales Essvergnügen: Einen Käsewürfel mit einer Chilischeibe in den Mund nehmen und kauen. Wenn die Schärfe überhand nimmt, zur Neutralisierung ein Stück Wassermelone dazunehmen.
Oder ein Stück Appenzellerkäse mit roten Zwiebeln essen und mit einem Orangenfilet den Gaumen erfrischen.
Das schwarze Hawaiisalz oder auch Fleur de sel verstärken den Melonengeschmack.

FRÜCHTE

Karamellisiertes Apfelcarpaccio mit Vanilleeis und Balsamico

Für 4 Personen

- **_8 säuerliche Äpfel, z. B. Idared**
- **_1 Zitrone**
- **_8 Esslöffel brauner Vollrohrzucker oder normaler Zucker**
- **_4 Kugeln Vanilleeis, gekauft oder selbstgemacht** (siehe Seite 155)
- **_20-jähriger Aceto balsamico oder Crema di Balsamico**
- **_Orangenzeste**
- **_Zitronenmelisse**

Zubereitung: Die Äpfel schälen und mit der Zitrone einreiben oder in Zitronenwasser legen. Mit einem Lochausstecher vom Kerngehäuse befreien und mit der Aufschnittmaschine oder einem scharfen Messer in dünne Scheiben schneiden. Die Scheiben kreisförmig auf Teller anrichten. Den Zucker darüber verteilen und mit dem Bunsenbrenner, Crema-Catalana-Eisen oder bei starker Oberhitze im Ofen karamellisieren.

Anrichten: Eine Kugel Vanilleeis in die Mitte jedes Tellers setzen und mit Crema di Balsamico oder sehr altem Balsamico-Essig beträufeln. Mit Orangenzeste und Zitronenmelisse garnieren. Sofort servieren.

Ananas

_Ananas mit Passionsfrucht

Für 4 Personen

Passionsfruchtsauce

_4 Passionsfrüchte
_Saft von ½ Zitrone
_2 Esslöffel Zucker

Zubereitung: Die Passionsfrüchte halbieren und das Fruchtfleisch herauskratzen. Mit Zitronensaft und Zucker vermischen und mindestens 10 Minuten stehen lassen, damit sich der Zucker auflösen kann. Diese Sauce kann gut schon am Vortag zubereitet werden.

Ananascarpaccio

_½ Ananas
_Himbeer-Topping, Himbeermark oder verdünntes Himbeergelee
_Pfefferminze zum Garnieren

Zubereitung: Ananas schälen und mit einem Lochausstecher vom holzigen Inneren befreien. Mit der Aufschnittmaschine oder einem scharfen Messer in dünne Scheiben schneiden. Ist kein Lochausstecher vorhanden, das Innere erst nach dem Aufschneiden mit einem runden Ausstecher entfernen.
Die Scheiben kreisförmig auf Teller anrichten. Mit der Passionsfrucht-Sauce und dem Himbeer-Topping beträufeln und der Pfefferminze garnieren.

Tipp: Kann sehr gut mit Zitronensorbet serviert werden.

_Bananen 'Caipirinha'

Caipirinha ist ein aus Brasilen stammendes alkoholisches Mixgetränk aus Cachaça (Zuckerrohrschnaps), braunem Rohrzucker, Limettensaft und Eis. Als erfrischende Nachspeise ist es völlig unkompliziert und blitzschnell zubereitet. Auch nur für eine Person geeignet – wenn die süssen Gelüste auftreten …

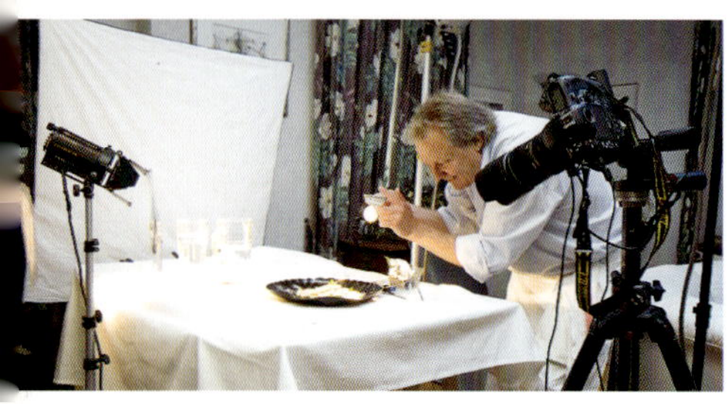

Für 4 Personen

Caipirinha-Sauce

_1 Limette

_2 Esslöffel brauner Rohrzucker

_1 Esslöffel Cachaça oder Ginger Ale für die alkoholfreie Variante

Zubereitung: Die Limette grob würfeln und mit den restlichen Zutaten in einen Mörser oder in ein tiefes Glas geben. Mit Hilfe eines Holzstampfers oder Mörserstöpsels alles gut durchstampfen. Kurz stehen lassen, dann passieren.

Bananencarpaccio

_4 sehr reife Bananen

_Pfefferminze zum Garnieren

_1 Limette zum Reiben

Zubereitung: Die Bananen dünn aufschneiden und wie ein Schneckenhaus auf Teller anrichten. Sofort mit der Caipirinha-Sauce bepinseln oder beträufeln, damit die Bananenscheiben nicht braun anlaufen.
Mit Pfefferminze garnieren. Die Limette darüberreiben.

Tipp: Zitronensorbet dazuservieren.

_Birne mit Mousse au chocolat, Chili und Kaffeesauce

Eigentlich ein Klassiker – Poire belle Hélène (Birne Helene) und ein gutes Beispiel dafür, wie man die harmonischen Geschmackskomponenten der klassischen Küche auseinandernehmen, neu und frei zusammenbauen und Kreatives dazufügen kann.

Für 8 Personen

Mousse au chocolat

_2 Eier
_75 g Zucker
_1 Espresso
_125 g Couverture Ihrer Wahl (zartbitter, Vanille-, Milch- o.a.)
_375 g Rahm/Sahne

Zubereitung: Eier, Zucker und Espresso warm und kalt schlagen. Die geschmolzene Couverture daruntermischen und die geschlagene Sahne darunterziehen. In eine Schüssel abfüllen und mindestens einen Tag in den Kühlschrank stellen.

Für 4 Personen

Birnencarpaccio

_4 grosse Birnen
_Saft von ½ Zitrone
_¼ Tafel Chili-Schokolade oder Rosa-Pfeffer-Schokolade
_4 Meringue-Schalen

Kaffeesauce

_1 doppelter Espresso
_1 Esslöffel Zucker
_½ Espressolöffel Vanillecremepulver oder Maizena (oder anderes Stärkemehl)
_2 Passionsfrüchte

Zubereitung: Die Passionsfrüchte halbieren, das Fruchtfleisch herauskratzen und durch ein Sieb streichen. Espresso und Zucker beifügen, aufkochen. Vanillecremepulver mit etwas Wasser auflösen und die Sauce damit abbinden, erkalten lassen.

Anrichten: Birnen ca. 2-3 cm unterhalb des Stielansatzes quer durchschneiden, den oberen Teil zur Seite stellen. Den Rest auf der Aufschnittmaschine dünn aufschneiden und ringförmig auf Teller anrichten. Mit Zitronensaft bepinseln.
Eine Kugel Mousse in die Mitte des Tellers setzen, mit den Stielenden dekorieren und mit der Kaffeesauce beträufeln.
Am Tisch nach Belieben die Meringue-Schalen darüberbröckeln und mit dem Trüffelhobel die Chili-Schokolade darüberhobeln.

_Erdbeeren mit grünem Pfeffer, Fenchel und Olivenöl

Erdbeeren mit Pfeffer ist sicher nichts Neues; Pfeffer wirkt geschmacksverstärkend. Neu sind dagegen die Komponenten Fenchel und Pastis. Lassen Sie sich überraschen.

Für 4 Personen

Erdbeercarpaccio

_500 g grosse, sehr reife Erdbeeren (nicht aus dem Kühlschrank!)
_Fenchelkraut
_Rohrzucker
_1 Esslöffel hauchdünn geschnittener Fenchel

Marinade

_1 Orangensaft
_2 Esslöffel Orangenolivenöl oder ein fruchtiges Olivenöl
_1 bis 2 Esslöffel Puderzucker
_1 Teelöffel grüne Pfefferkörner
_1 Esslöffel Pastis
_1 Esslöffel hauchdünn geschnittener Fenchel

Zubereitung: Alle Zutaten für die Marinade mischen.

Anrichten: Die Erdbeeren fein aufschneiden und dekorativ auf Teller verteilen. Die Marinade darüberträufeln, mit hauchdünn geschnittenem Fenchel und Fenchelkraut garnieren. Etwas Rohrzucker ringsherum streuen.

Tipp: Vanilleeis mit altem Balsamico passt ausgezeichnet dazu.

Karambole

_Karambole nach Wald-und-Wiesen-Art

Die Karambole, auch Sternfrucht genannt, wird gerne in Scheiben geschnitten und als Vitamin-C-reiche Dekoration verwendet. (Die Haut der Frucht wird mitgegessen.) Sonst weiss man aber nicht viel mit dieser exotischen, dekorativen Frucht anzufangen. Ich habe mich in Wald und Wiesen umgeschaut und inspirieren lassen – hier nun das Resultat. Um das Ganze noch spezieller zu gestalten, habe ich Bananenblätter als Unterlage verwendet.

Für 4 Personen

_2 Karambolen
_1 Esslöffel Rosenzucker oder Rohrzucker
_Holunderblütensirup oder ein anderer Sirup
_4 Esslöffel Walderdbeeren
_Holunderblüten
_Sauerklee
_Wildrosenblütenblätter, in feine Streifen geschnitten
_Bananenblätter, ausgeschnitten, als Unterlage

Zubereitung: Die Karambolen mit der Aufschnittmaschine fast durchsichtig aufschneiden und kreisförmig auf den Bananenblättern anrichten. Mit Rosenzucker bestreuen, mit Sirup beträufeln und mit den restlichen Zutaten ausgarnieren.

Mango mit Ingwer und Kokosspänen

Für einmal braucht es nicht allzu reife Früchte. Knapp reife Mangos haben etwas Erfrischendes.
Bei der Kokosnuss mit einer Ahle in die Augen stechen (so brutal kann kochen sein …); dadurch kann die Milch in ein Glas abfliessen und die Kokosnuss ist einfacher zu öffnen. Mit einem gezielten Schlag mit dem Hackbeil teilt man die Nuss in zwei Hälften und kann dann ohne Problem das Fruchtfleisch herausnehmen.

Für 4 Personen

Mangocarpaccio

_2 grosse Mangos
_Fleisch von 1 Kokosnuss
_1 Teelöffel gehackte kandierte Früchte
_Pfefferminze oder Zitronenmelisse
_essbare Blüten

Marinade

_ein daumengrosses Stück Ingwer
_2 Esslöffel Vollrohrzucker oder brauner Rohrzucker
_die Milch der Kokosnuss oder ½ dl handelsübliche Kokosnussmilch
_Saft und Zeste von 1 Limette

Zubereitung: Den Rohrzucker in Limettensaft und Kokosnussmilch auflösen. Ingwer und Zeste der Limette dazureiben.

Anrichten: Die Mangos fein aufschneiden und dekorativ auf Teller anrichten. Mit der Marinade beträufeln und vom Kokosnussfleisch mit einem Trüffelhobel längliche Späne darüberhobeln. Mit gehackten kandierten Früchten, Pfefferminze, Zitronenmelisse und essbaren Blüten garnieren.

Tipp: Eine Kugel Zitronensorbet passt ausgezeichnet dazu.

Nellie Melba

_Pfirsich oder Nektarine mit Himbeermark 'Nellie Melba'

Auch hier wurde ich von der klassischen Küche inspiriert. Dieses geniale Rezept ist der Dauerbrenner aller Dessertkarten (obwohl zum Teil bis zur Unkenntlichkeit verunstaltet – der Erfinder Auguste Escoffier würde sich im Grab umdrehen!). Im Originalrezept werden nur sehr reife Pfirsiche – im besten Fall sogar nicht einmal pochiert –, frisch gedrehtes Vanilleeis und ein Mark von reifen Himbeeren mit wenig Zucker verwendet, das hier nach Belieben mit einigen geschnittenen, frischen Mandeln garniert wird. (Verwenden Sie nie getrocknete!) Der 'König der Köche' hielt in seinem handschriftlich veröffentlichtem Rezept von 1893 fest: «C'est un entremet simple, exquis, facile à servir.» Weiter deutsch: «Der Pfirsich Melba weist absolut keine Dekoration auf, vor allem keine Schlagsahne.» In Kochkreisen wird gemunkelt, dass die pfirsichgrossen Brüste der australischen Sopranistin Nellie Melba den Meister inspiriert hätten.
Nun zerstöre ich seine unreinen Gedanken, indem ich die Pfirsiche fein aufschneide – sorry, Monsieur Escoffier!

Für 4 Personen

Pfirsichcarpaccio

_4 bis 8 reife Pfirsiche, wenn möglich mit weissem Fleisch, oder Nektarinen
_4 Kugeln Vanilleeis, gekauft oder selbstgemacht (siehe Seite 155)
_Gehobelte, geröstete Mandeln

Die Pfirsiche einige Sekunden in kochendes Wasser geben. Herausheben, sofort im Eiswasser abschrecken und schälen. (Nektarinen müssen nicht gehäutet werden.)

Himbeermark

_250 g reife Himbeeren
_80 g Zucker
_Saft von 1 Zitrone

Zubereitung: Alle Zutaten für das Himbeermark mit dem Stabmixer pürieren und durch ein Sieb passieren.

Anrichten: Die Pfirsiche fein aufschneiden und dekorativ auf Teller anrichten. Mit dem Himbeermark einen Saucenspiegel machen. Die Kugel Vanilleeis in die Mitte setzen und wenige geröstete Mandeln darauflegen.

Unentbehrliches auf Vorrat

An meinen Kochkursen sehe ich immer wieder staunende Gesichter, wenn ich einer Kühlschublade dies und jenes entnehme und danach innerhalb kürzester Zeit ein Gericht auf dem Tisch steht. Natürlich kann man von Hausfrauen und Hausmännern oder Freizeitköchinnen und Hobbyköchen nicht erwarten, dass sie die gleichen Vorbereitungen treffen wie ein Profikoch und allerlei auf Vorrat zubereiten. Doch manches ist auch im Privathaushalt ohne weiteres möglich und kann vieles vereinfachen. Im Folgenden ein paar Beispiele.

Bärlauchpesto

Diese Version wird italienische Puristen etwas schockieren, doch ich versichere Ihnen kulinarische Höhenflüge, wenn Sie dieses Rezept ausprobieren.

- **10 g Knoblauchzehen, geschält, den Keimling entfernt, grob zerdrückt**
- **25 Kernelnüsse, grob gehackt**
- **100 g Bärlauch, grob gehackt**
- **10 g Glutamat** (fakultativ)
- **4 g Meersalz**
- **100 g Parmesan oder Sbrinz**
- **120 g gutes Olivenöl**

Zubereitung: Sämtliche Zutaten in einen Küchencutter oder einen Mixbecher geben und pürieren.
Tipp: Man kann den Pesto sehr gut auf Vorrat in Gläser abfüllen. Diese sind im Kühlschrank problemlos 2 Monate haltbar.

Blüten-Meersalz

- **4 Esslöffel Fleur de sel**
- **1 Esslöffel Dekor-Blüten-Mix** (siehe Seite 162) oder
- **4 Esslöffel frische Blüten von Kräutern, z. B. Thymian, Salbei, Majoran, Rosmarin oder Lavendel (wenig)**
- **Blütenblätter von Rosen, Ringelblumen, Borretsch, Malven und Kapuzinerkresse**

Zubereitung: Bei Verwendung von Dekor-Blüten-Mix alles mischen.
Bei Verwendung von frischen Blüten die grossen Blütenblätter in feine Streifen schneiden. Bei ganzen Blüten den Kelch entfernen. Alles mischen und bei Zimmertemperatur trocknen.
In verschliessbare Gläser abfüllen.
Eignet sich hervorragend zu grilliertem Fisch oder Fischcarpaccio.

Hausgemachte Grissini

Grissini-Teig:

- **350 g Weissmehl**
- **42 g Hefe**
- **200 g Wasser**
- **75 g Olivenöl**
- **9 g Salz**

Zubereitung: Sämtliche Zutaten in den Teigkessel der Küchenmaschine geben und mit dem Knethaken 5 Minuten kneten lassen. Ca. 30 Minuten an einem warmen Ort zugedeckt aufgehen lassen.
Dann 18–20 g schwere Teiglinge abwiegen, mit den Handballen rund

schleifen und auf eine gut gemehlte Tischplatte legen. Aufgehen lassen.
Lange dünne Schlangen formen, mit Fleur de sel, getrockneten Kräutern, Käse, Kümmel etc. bestreuen.
Ca. 8 Minuten bei 250 °C backen, zu Beginn mit viel Dampf.
Die Grissini sind zwar lange haltbar, doch bezweifle ich, dass sie jemals alt werden!

Holunderblütensirup

Dieses Produkt ist zwar auch im Handel zu kaufen, aber selber machen bereitet doch viel mehr Spass!

_¼ Liter Wasser
_350 g Zucker
_Saft von ½ Zitrone
_1 Kaffeelöffel Zitronensäure
_40 g Holunderblüten

Zubereitung: Wasser mit Zucker, Zitronensäure und Zitronensaft aufkochen. Holunderblüten beifügen, nochmals aufkochen und 10 Minuten ziehen lassen. Durch ein Spitzsieb passieren und noch heiss in Flaschen abfüllen.
Tipp: Mit 25 g Waldmeister, 40 g Rosenblättern, 10 g Lavendelblüten, 50 g rotem Basilikum oder 15 g Thymian können Sie ganz spezielle Siruparten herstellen.

Pilzbalsamico

_½ Liter Balsamicoessig
_100 g brauner Rohrzucker
_1 Esslöffel Honig
_50 g getrocknete, zerdrückte Steinpilze
_1 Teelöffel Maizena, Pfeilwurzelmehl oder Kartoffelstärke

Zubereitung: Alles zusammen in einen Kochtopf geben und auf kleinem Feuer einkochen, bis eine sirupartige Flüssigkeit entstanden ist.
Passieren und in eine Flasche abfüllen.

Pilzstreuwürze

_1 gut gehäufter Esslöffel Steinpilzpulver
_3 gut gehäufte Esslöffel Glutamat (fakultativ)
_½ gestrichener Esslöffel feines Meersalz

Zubereitung: Alle Zutaten mischen und die Streuwürze in ein Glas mit Schraubverschluss füllen.
Tipp: Geeignet zum Würzen von Fleisch, Geflügel und Wild. Zuchtpilzen gibt die Streuwürze einen Hauch von Wildnis.

Rosenessig

Rosenessig ist der ideale Essig für leichte Blattsalate und Salatkompositionen mit essbaren Blüten und Kräutern. Die Sorte, die sich am besten zur Herstellung von Rosenessig eignet, ist für mich die Wildrose, die sogenannte Kartoffelhundsrose (rosa rugosa). Ihr zitroniger Duft betört mich beim Sammeln. Es können jedoch auch alle anderen Sorten verarbeitet werden.

_duftende, ungespritzte Rosenblütenblätter, locker in ein Litermass eingefüllt
_5 dl Weisswein
_5 dl Weissweinessig

Zubereitung: Rosenblütenblätter in ein Einmachglas von mehr als einem Liter Inhalt schichten. Mit Weissweinessig und Weisswein übergiessen. Das gut verschlossene Glas zwei Tage an die Sonne stellen.
Essig durch ein Sieb oder ein feines Tuch passieren, Rosenblüten gut auspressen.
Den Essig in Flaschen abfüllen. Bei kühler Lagerung bleibt die frische Farbe erhalten.

Himbeeressig

Obwohl ich ein Verfechter frischer Produkte bin, erzielt man in diesem Fall das bessere Resultat mit gefrorenen Früchten.

_5 dl Weisswein
_5 dl Weissweinessig
_250 g gefrorene Himbeeren

Zubereitung: Alle Zutaten, mit Plastikfolie abgedeckt, 3 Tage bei Zimmertemperatur stehen lassen. Ohne Druck durch ein Passiertuch sieben.

In Flaschen abfüllen, dunkel und kühl lagern.

Rosenzucker

Rosenzucker kann zwar im Handel gekauft werden. Ihn selbst zu machen ist jedoch sehr einfach.

_100 g Kristallzucker
_20 g ungespritzte Rosenblätter, wenn möglich Wildrosenblütenblätter der Hundsrose (rosa canina)

Zubereitung: Rosenblätter in feine Streifen schneiden, mit dem Zucker mischen und in der Küche bei Zimmertemperatur einige Tage trocknen lassen. In Gläser abfüllen.
Tipp: Ideal als kleines Mitbringsel bei einer Einladung – für Leute, die schon alles haben.
Eignet sich bestens zum Süssen von Grüntee oder anderen Teesorten.

Roter Basilikum-Essig

Dieses einfache Rezept ist aus einem Überfluss an rotem Basilikum entstanden. Das Resultat ist jedoch so phantastisch ausgefallen, dass ich es jedes Jahr wiederhole.

_250 g roter Basilikum
_500 g Weissweinessig
_500 g Weisswein oder Roséwein

Zubereitung: Das rote Basilikum samt Stängel in ein Einmachglas von mehr als einem Liter Inhalt schichten. Mit dem Essig und dem Wein übergiessen.
Das gut verschlossene Glas 2 Tage an die Sonne stellen.
Essig durch ein Sieb oder durch ein feines Tuch passieren, Blätter leicht auspressen. Den Essig in eine Flasche abfüllen.
Dieser rote Basilikum-Essig, in schöne, durchsichtige Flaschen abgefüllt, ist ein praktisches und gleichzeitig sehr dekoratives Geschenk für Einladungen aller Art.

Schalotten/Zwiebeln in Öl auf Vorrat

Schalotten und Zwiebeln dürfen in meiner Küche nie fehlen. Sie sind unentbehrliche Geschmacksträger und Geschmacksverbesserer – somit also Garanten für das gute Gelingen eines Gerichtes! Damit man nicht für jedes Rezept Schalotten oder Zwiebeln schälen und hacken muss und obendrein tränende Augen bekommt, empfehle ich, sie auf Vorrat zuzubereiten. In Öl eingelegte Schalotten oder Zwiebeln können in einem Schraubdeckelglas im Kühlschrank problemlos 3–4 Wochen aufbewahrt werden.
Diese folgende Zubereitungsart hat zudem den Vorteil, dass die Schalotten/Zwiebeln bereits gar sind und das Gericht der Kochzeit der Zwiebeln wegen nicht unnötig lange kochen muss.

Für das Einlegen in Öl eignet sich das relativ geschmacksneutrale Erdnussöl am besten. Andere Ölsorten sind im Geschmack zu intensiv.

_200 g Schalotten oder 2 mittelgrosse Zwiebeln
_150 ml/1,5 dl Erdnussöl

Zubereitung: Schalotten/Zwiebeln schälen. Sehr fein hacken. Mit dem Erdnussöl in einen kleinen Kochtopf geben. Unter häufigem Rühren mit einer Holzkelle 10 Minuten auf kleinem Feuer dünsten.
Auskühlen lassen.
Schalotten/Zwiebeln samt Öl in ein Gefäss mit Deckel füllen. Im Kühlschrank lagern.

Tempurateig

Dieses Rezept gab mir einst der 'padre santo' der kulinarischen Schweiz, Silvio Rizzi. Silvio Rizzi war lange Jahre ein gefürchteter Gastrojournalist und der Herausgeber von Gault Millau Schweiz. Tempuramehl kann man im Asien-Shop kaufen, doch es ist wirklich einfach, es selber herzustellen.

Grundrezept für 1 Kilo Tempuramehl:
_1/3 Reismehl
_2/3 Weissmehl
_3 Esslöffel Backpulver

Mehl und Backpulver mischen.
Mit so viel kaltem Wasser anrühren, dass ein dünnflüssiger Teig entsteht.

Thymian-Olivenöl

Der Spätsommer ist die ideale Zeit, um sich einen Vorrat an Thymian-Hilfsmitteln anzulegen. Der Thymian ist bis dahin in der Regel kräftig gewachsen und man weiss oft nicht, was man damit anfangen könnte. Hier ein Rezept, mit dem Sie auch im Winter den Sommer in der Küche spüren.

_300 ml kaltgepresstes Olivenöl
_5 g Peperoncini, in feinen Würfeln
_5 g Tropic-Pfeffer
_20 g Thymian, zu einem Sträusschen gebunden

Alle Zutaten in eine attraktive Flasche abfüllen.
Nach zwei Wochen können auch die Ungeduldigsten zum ersten Mal probieren!

Tomatencoulis

Als Coulis bezeichnet man üblicherweise eine kalte Sauce aus Früchten bzw. ein Fruchtmark. In diesem Fall handelt es sich um ein Gemüsemark.

_100 g Zwiebeln, in feine Streifen geschnitten
_1 Knoblauch in der Hülse (nicht geschält)
_5 g Thymian samt Stängel
_Olivenöl
_1 Teelöffel Fleur de sel
_1 Prise Zitronenpfeffer
_1 Esslöffel/15 g Tomatenpüree
_500 g grosse Fleischtomaten (ca. 4 Stück), in groben Würfeln

Zubereitung: Die Zwiebeln mit Knoblauch, Thymian und den Gewürzen ca. 5 Minuten auf kleinem Feuer anschwitzen. Das Tomatenpüree und die Tomaten beifügen und auf kleinem Feuer ca. 25 Minuten leicht köcheln lassen. Thymian und Knoblauch entfernen.
Mit dem Mixstab pürieren und, wenn Sie es fein möchten, durchs Spitzsieb passieren.
Tipp: Im Kühlschrank einige Tage haltbar und sowohl kalt als auch heiss verwendbar (siehe Seite 72 und 94).

Vanilleeis klassisch

_2,5 dl Milch
_2.5 dl Rahm (Sahne)
_1 Tahiti-Vanilleschote
_3 Eigelb
_250 g Zucker

Zubereitung: Milch und Rahm mischen. Eigelb mit dem Zucker schaumig schlagen.
Vanilleschote der Länge nach halbieren, die Samen auskratzen und beides dem Rahm-Milch-Gemisch beigeben. Aufkochen und unter ständigem Rühren zur Eigelbmasse giessen. Alles wieder zurück in den Kochtopf geben und mit einem Gummispachtel zur Rose kochen.
Durch ein feines Sieb passieren und in der Eismaschine gefrieren.

Vanilleeis ohne Eier

_3 dl Milch
_1 dl Rahm (Sahne)
_200 g Zucker
_1 Vanilleschote, ausgekratzt

Zubereitung: Sämtliche Zutaten aufkochen, fünf Minuten ziehen lassen, durch ein feines Sieb passieren und in der Eismaschine gefrieren.

Zitronenchutney mit Curry

_4 grosse unbehandelte Zitronen
_150 ml Weisswein
_250 g Schalotten, in Streifen
_250 g Zucker
_100 g Sultaninen (helle Rosinen)
_1 Esslöffel Currypulver, mild
_20 g frischer Ingwer, fein gerieben
_½ Teelöffel zerdrückter Tropic-Pfeffer

Zubereitung: Reife Zitronen heiss waschen, bürsten und in dünne Scheiben schneiden (wenn möglich auf der Aufschnittmaschine). Danach mit dem Messer in kleine Würfel schneiden. In einen Kochtopf geben, Weisswein, Schalotten und Zucker zugeben und einen Tag stehen lassen.
Die Sultaninen und die Gewürze beifügen und etwa eine Stunde kochen, bis das Chutney die richtige Konsistenz hat.
Sofort heiss in Gläser füllen und luftdicht verschliessen.
Tipp: Dieses Rezept bildet die Basis für weitere kreative Chutneys, beispielsweise zu Käsegerichten. Ersetzen Sie die Zitronen z. B. mit grünen Tomaten oder Mirabellen.

Grundbrühen und Saucen

Marinade für Sashimi

_Saft von ½ Zitrone
_50 g Sojasauce
_10 g frisch geriebener Ingwer
_2 Esslöffel Olivenöl

Zubereitung: Alle Zutaten mischen.

Marinade für rohen Süsswasserfisch

_Saft von ½ Zitrone
_8 Esslöffel Olivenöl extra vergine
_1 Tomate, geschält und in Würfel geschnitten
_Meersalz
_Pfeffer aus der Mühle
_Frühlingskräuter, gehackt, bestehend aus Sauerklee, Sauerampfer, Schnittlauch, Brunnenkresse, wildem Nüsslisalat und ganz wenig Bärlauch

Zubereitung: Sämtliche Zutaten der Marinade mischen, abschmecken.

Gemüsemarinade

_1 Esslöffel kleine Gurkenwürfel
_1 Esslöffel kleine Karottenwürfel
_1 Esslöffel in kleine Scheiben geschnittene Eierschwämme oder andere Pilze
_1 Esslöffel feine Frühlingszwiebelringe
_2 Esslöffel Haselnussöl oder Olivenöl
_1 Esslöffel Aceto Balsamico
_Schnittlauch
_Salz und Pfeffer aus der Mühle

Zubereitung: Gurken- und Karottenwürfel kurz blanchieren und kalt abschrecken.
Die Pilze würzen und in einer beschichteten Bratpfanne kurz anschwitzen.
Alle Zutaten vermischen und abschmecken.

Limonellosauce

_1 grosses Freilandei
_25 g Wasser oder natürlicher Bratensaft
_Saft und etwas Zeste von 1 Limone
_½ Teelöffel Zitronenpfeffer
_1 Teelöffel Salz
_1 dl (100 g) Traubenkernöl
_½ dl (50 g) Limonen-Olivenöl
_½ dl (50 g) Rahm (Sahne)

Zubereitung: Wie eine Mayonnaise zubereiten. Die schnellste und einfachste Zubereitung gelingt mit einem Stabmixer: Ei, Wasser (oder natürlichen Bratensaft), Limonensaft und Zeste (feiner Schalenabrieb) und die Gewürze in einen Mixbecher geben. Unter ständigem Mixen zuerst das Traubenkernöl, dann das Limonen-Olivenöl und zuletzt den Rahm beifügen.

Roquefortsauce

_50 g Magerquark
_50 g Roquefort
_50 g Sauerrahm
_Weissweinessig nach Belieben
_Salz und Pfeffer aus der Mühle

Zubereitung: Sämtliche Zutaten im Mixbecher fein pürieren. Eventuell mit Wasser verdünnen.

Passionsfruchtmayonnaise

_6 Passionsfrüchte, Fruchtfleisch ausgekratzt
_1 Eigelb
_Zitronenpfeffer
_Salz
_2 dl/200 g Traubenkernöl
_ein Spritzer Zitronensaft

Zubereitung: Fruchtfleisch der Passionsfrüchte mit Wasser auf 100 g auffüllen, kurz mixen, durch ein Spitzsieb passieren, einige Kerne zur Seite legen (ergibt etwa 50 g reines Fruchtmark).
Eigelb mit Gewürzen und Fruchtmark in einen Mixbecher geben. Mit dem Zauberstab schaumig mixen, das Öl im Strahl beifügen. Mit einem Spritzer Zitronensaft abschmecken. Einige Passionsfruchtkerne beifügen.

Curry-Sauerrahmdipp

_100 g saurer Halbrahm
_½ Esslöffel Currypulver, mild
_Saft und Zeste von ½ Orange
_Zitronenpfeffer
_Salz

Zubereitung: Sämtliche Zutaten mischen und abschmecken.

Kräuteremulsion

_30 g Olivenöl
_30 g Weisswein
_10 g Zitronensaft
_10 g gemischte Kräuter, z.B. Petersilie, Kerbel, Rucola und viel Estragon
_Zitronenpfeffer
_Salz

Zubereitung: Sämtliche Zutaten in einen Mixbecher oder in ein Einmachglas geben. Mit dem Zauberstab mixen, bis eine homogene Emulsion entsteht.

Kleine hilfreiche Warenkunde

A

Aceto Balsamico di Modena

In Italien verehrt man den Aceto Balsamico seit Jahrhunderten als geheimnisvolles Allheilmittel und Lebenselixier. Heute ist er in allen Küchen vertreten und kommt dort als unvergleichliche Würze zum Einsatz. Der echte Balsamico kommt aus den italienischen Provinzen Modena und Emilia. Für die Herstellung werden ausschliesslich die regionstypischen Traubensorten Trebbiano und Lambrusco verwendet. Einen guten Balsamico erkennt man an der Reifezeit auf dem Etikett. Da die Namen Aceto Balsamico oder Balsamessig nicht geschützt sind, kann sich hinter einem solchen Essig auch ein einfacher, mit Zuckercouleur gefärbter Weinessig der einfachsten Herstellung verbergen!

Artischocke

Bei der Artischocke handelt es sich um eine bis zu zwei Meter hohe, distelartige, ausdauernde Kulturpflanze mit fiederspaltigen Blättern. Im ersten Jahr bildet sie eine Blattrosette, im zweiten Jahr einen bis zu zwei Meter hohen Stängel mit grossen, violetten Blütenköpfen. Unter günstigen Umständen kann die Pflanze auch schon im ersten Jahr eine Blüte bilden. Vor dem Aufblühen geerntete Blütenköpfe werden wegen ihres fleischigen Blütenbodens als Gemüse verzehrt. Ausserdem werden Extrakte aus Artischocken zur Herstellung von Magenbittern und Likören genutzt.

In der Volksmedizin ist die Anwendung der Artischocke auch vorbeugend als Leberschutzmittel gebräuchlich. Zudem soll sie unterstützend gegen hohe Blutfettwerte wirken.

Avocado

Die Avocado ist eine der nahrhaftesten tropischen Früchte. Sie enthält im Vergleich zu einem Apfel die vierfache und im Vergleich zu einer Banane die doppelte Energiemenge. Dies liegt an ihrem hohen Fettgehalt. Allerdings ist das Fett leicht verdaulich, da es reich an sehr wertvollen und gesunden ungesättigten Fettsäuren sowie weiteren Mineralstoffen ist, die für unseren Körper notwendig sind (Vitamin E, B-Vitamine, Eisen, Calcium, Magnesium und Kalium). Aber Vorsicht: Die Avocado ist schon eine richtige Kalorienbombe. Wenn sie gegessen wird, sollte man auf andere fettreiche Lebensmittel besser verzichten.

Das Beste ist, eine noch unreife, also harte Frucht mit unbeschädigter Schale zu kaufen – einige Tage bevor man sie braucht. Zu Hause reift sie dann bei Zimmertemperatur in 3–7 Tagen nach. Auch die Lagerung in der Nähe eines Apfels beschleunigt die Reifung, da ein Apfel reifestimulierende Stoffe (Ethylen) abgibt.

B

Balsamico Glace

Seit kurzer Zeit sind diverse, vielseitig anwendbare Sorten sogenannter 'Balsamico Glace', eines aromatisierten dickflüssigen Traubenmosts, im Handel erhältlich, beispielsweise

- Hibiskus-Chili: Feine Säure mit blumig-fruchtiger Top-Note und leichter Chili-Schärfe. Geeignet für Gerichte vom Rind und Wild, für kräftiges Gemüse sowie moderne Salatkompositionen; zum Dekorieren und Abschmecken pikanter und süsser Speisen.
- Safran: Feine Säure mit leichter Süsse und edler Safrannote. Ideal für kalte Fischgerichte.

Blue Chips/Blaue Kartoffelchips

Im Vergleich zu anderen Sorten ist die Produktion von 'Blauen St. Gallern' nur eine Nische. Zwei Dutzend Bauern – die Hälfte in St. Gallen, der Rest in der ganzen Schweiz – produzieren die neuen Kartoffeln. Pro Jahr wachsen rund 200 Tonnen davon in der Schweiz. Im selben Zeitraum werden im Inland 400 000 Tonnen Speisekartoffeln produziert.

Christoph Gämperli, der als Berater für Ackerbau im Landwirtschaftlichen Zentrum in Flawil arbeitet und als Präsident der St. Galler Saatzuchtgenossenschaft amtet, startete Versuche in seinem Hausgarten. Er kreuzte 'Blaue Schweden' mit den hellen 'Prättigau' und wartete, bis die Kartoffelstauden Früchte trugen. Neuerdings wird diese Kartoffelsorte sogar in der Luxuslinie der Grossverteiler angeboten.

Bratcreme – Bratbutter – Butterschmalz

Bratbutter, Bratbutter soft und Bratcreme werden auch als eingesottene Butter bezeichnet. Durch Einsieden werden der Butter das Wasser und das Eiweiss entzogen. Übrig bleibt reines Milchfett, das sich durch den typischen Buttergeschmack und eine hohe Erhitzbarkeit auszeichnet. Bratcreme ist aus reiner Butter hergestellt. Sie ist cremig, leicht dosierbar und spritzt nicht. Ihr Milchfettgehalt beträgt mindestens 99,8 %.

Bries

Bries, in der Schweiz Milke genannt, ist die Wachstumsdrüse des Kalbes (Thymusdrüse). Sie bildet sich bei erwachsenen Tieren zurück. Die im vorderen Bereich der Brust sitzende, etwa 250 bis 300 Gramm schwere, fast weisse Drüse gehört wegen ihrer Zartheit und ihres feinen Geschmacks zu den am meisten geschätzten Innereien.

Bündnerfleisch

Bündnerfleisch ist gepökeltes, von Sehnen und Fett befreites Rindfleisch aus der Oberschenkelmuskulatur. Das Fleisch wird mit Salz, Salpeter und geheimen Gewürzen einige Wochen bei einer Temperatur nahe dem Gefrierpunkt in einem geschlossenen Behälter gelagert. Danach wird das Fleisch mehrere Wochen lang getrocknet. Während der Trocknungsphase wird es mehrmals gepresst, um die verbliebene Flüssigkeit gleichmässig zu verteilen; dadurch erhält das Bündnerfleisch seine charakteristische rechteckige Form. Original-Bündnerfleisch wird nicht geräuchert. Durch den hohen Wasserverlust während des Salzens und Trocknens (etwa die Hälfte des ursprünglichen Gewichts) sind keine weiteren Massnahmen oder Hilfsstoffe zur Konservierung mehr nötig.

C

Caipirinha

Caipirinha ist ein aus Brasilien stammender alkoholischer Cocktail aus Cachaça (Zuckerrohrschnaps), braunem Rohrzucker, Limettensaft und Eis und bedeutet übersetzt eigentlich so viel wie 'kleiner Hinterwäldler' – hat mittlerweile aber sehr erfolgreich Bars in aller Herren Ländern erobert.

Chorizo

Chorizo ist eine würzige, feste, grobkörnige und mit Paprika und Knoblauch gewürzte Wurst vom Schwein aus Spanien und Portugal. Die Paprika gibt ihr eine rote Farbe und trägt zu ihrem typischen Geschmack bei.

Chorizo enthält bis zu doppelt so viel Paprika wie die ebenfalls mit Paprika gewürzte ungarische Salami.

Die Wurst wird üblicherweise in speziellen Trockenräumen bei Temperaturen zwischen fünf und zehn Grad an der Luft getrocknet. Bei dieser vier bis sechs Wochen dauernden Reifung wird der Chorizo fester und erhält seinen markanten Geschmack. Da während der Reifung auch eine Fermentation (Gärung) stattfindet, stellt sich ein leicht säuerlicher Geschmack ein, der gut mit der Schärfe der Wurst harmoniert.

Costoluto-Tomate

Die Costoluto-Tomate ist eine schmackhafte alte Tomatensorte aus Sizilien.

Crema di Balsamico

Wie Balsamico Glace (siehe dort), ohne Zusatz von Geschmacksverstärkern und glutenfrei gemäss Codex Alimentarius, lactosefrei.

D

Dekor-Blüten-Mix

Im Handel zu kaufende Blütenmischung, blumig duftend, geeignet für die warme und kalte Küche, zu süssen und pikanten Gerichten. Ideal als optische Aufwertung Ihrer Dessert-Kreationen.

F

Fave

Die Ackerbohne (Vicia faba), auch Saubohne, Dicke Bohne oder Puffbohne genannt, ist eine Nutzpflanze aus der Familie der Hülsenfrüchte (Fabaceae oder Leguminosae). Nimmt man sich die Mühe und schält die frischen Bohnenkerne, kocht sie nur 30 Sekunden, so bekommt man eine wahre Delikatesse.

In Italien werden rohe Fave gerne mit etwas Salz und Olivenöl gegessen. Zu selten findet man diese köstliche Hülsenfrucht auf unseren privaten Märkten und in Gemüseläden.

Fleur de sel

Das teuerste und edelste Meersalz, das Fleur de sel (span: flor de sal), dt. 'Blume aus Salz', entsteht nur an heissen Tagen als hauchdünne Schicht an der Wasseroberfläche und wird in Handarbeit mit einer Holzschaufel abgeschöpft. Es wird an der Algarve, in der Bretagne ('Fleur de sel de Guérande') und in der Camargue sowie vereinzelt an anderen Orten des Mittelmeeres gewonnen. Das Salz kommt immer unbehandelt in den Handel. Gourmets rühmen seinen energisch salzigen Geschmack, der durch Calcium- und Magnesium-Sulfat-Anteile hervorgerufen wird, die im normalen Speisesalz nicht enthalten sind. Zusammensetzung: Natriumchlorid: $>$ 97%; Calciumsulfat: 0,5%; Magnesiumchlorid:

0,3%; Magnesiumsulfat (Bittersalz): 0,2 %; Kaliumchlorid: 0,1%; Wasser: 1% – 5% (mit den üblichen Schwankungen bei Naturprodukten). Quelle: Inhaltsangabe für Fleur de sel, Salins du Midi, Frankreich, 2005.

Flake Salt – Kristall-Salz

Locker und leicht, wie kleine Salzflocken eben. Flake Salt hat im Vergleich zum herkömmlichen Salz ein geringeres Gewicht bei gleichem Volumen. Die in verschiedenen Farbschattierungen, von weiss bis rosa, erhältlichen Flocken sind sehr zart und zergehen förmlich auf der Zunge. Sie sind sehr mild im Geschmack und ideal zum Abschmecken der Gerichte bei Tisch. Eine wirkliche Delikatesse, die sich immer grösserer Beliebtheit erfreut. Das bekannteste Kristallsalz ist das Maldon Sea Salt.

G

Glutamat

Über Glutamat wird viel geschrieben und geredet, meistens vor allem negativ. In der Lebensmittelindustrie wird es zur Verbesserung mittelmässiger bis schlechter Zutaten missbraucht. Zu reden gegeben hat das sogenannte Chinarestaurant-Syndrom, das die Übelkeit bezeichnet, unter der manche Leute nach einem Besuch beim Chinesen um die Ecke leiden. Vielleicht wird den Leuten ja einfach deshalb schlecht, weil sie billigen Wein oder zu viel und schlechten Schnaps getrunken haben? Spass beiseite: Es gibt sicher Restaurants, die Glutamat im Überfluss brauchen. Es konnte jedoch in wissenschaftlichen Untersuchungen noch nie stichhaltig bewiesen werden, dass Glutamat schädlich ist. In vernünftigem Mass kann es deshalb bedenkenlos verwendet werden. In meiner Küche brauche ich Glutamat zur Verstärkung der guten Eigenaromen. Es macht Gerichte runder und intensiver. Und was soll schlecht daran sein, gute Produkte noch intensiver zu gestalten?!

Gros sel – Grobes Meersalz

Im Gegensatz zum Fleur de sel sind beim Gros sel die sich bildenden Salzkristalle zu gross und schwer, um auf der Oberfläche zu schwimmen. Die Kristalle wachsen am Boden und werden nach Erreichen der optimalen Grösse von Hand oder maschinell abgeerntet. (Grosse Kristalle bilden sich nur bei der langsamen Verdunstung des Wasseranteils.) Anschliessend wird das Salz aufgehäuft und getrocknet, unbehandelt und unvermahlen abgepackt, um als natürliches Meersalz in den Handel zu gelangen.

Grüner Pfeffer

Grüne Pfefferkörner sind gefriergetrocknet oder in Salzlake in der Dose erhältlich und weniger scharf als weisser oder schwarzer Pfeffer.

Gewürzbouquet – Gewürzmischung

Ein Gewürzbouquet ist eine Mischung aus getrockneten Kräutern und Gewürzen. Bekannte Beispiele sind Herbes de Provence und Tropic-Pfeffer.

H

Himalaya-Salz

Das sogenannte Himalaya-Salz stammt aus Pakistan. In der Provinz Punjab wird das Salz in der Salt-Range in einer der grössten Salzminen der Welt abgebaut. Es ist ein Stein- bzw. Kristallsalz, welches durch den Einschluss von Eisen bisweilen eine zarte Roséfarbe aufweist. Erhältlich als Brocken, Granulat oder fein gemahlen und bestens geeignet für die alltägliche Küche und für das Nachwürzen bei Tisch.

Hibiskus-Balsamicocreme

siehe Balsamico Glace

K

Karambole

Karambole, Baumstachelbeere, Sternfrucht, Averrhoa carambola, carambola, starfruit, carambole, pomme de Goa. Die Baumfrucht wächst in den Tropen und wird nach Europa aus Malaysia, Thailand, Brasilien, Kolumbien oder Israel importiert. Die Karambole ist eine länglich-ovale, 7 bis 12 cm lange hellgelbe bis dunkelgelbe Frucht. Sie besteht aus fünf einzelnen Rippen und hat eine zarte glänzende Haut, unter der das Fruchtfleisch durchschimmert. Das Fruchtfleisch hat nur wenige Kerne und schmeckt süsssauer.

Die Karambole wird gerne in Scheiben geschnitten und als Vitamin-C-reiche Dekoration verwendet. Die Haut der Frucht wird mitgegessen.

Kochsalz

Speisesalz, Kochsalz, Tafelsalz oder einfach 'Salz' ist das in der Küche für die menschliche Ernährung verwendete Salz. Es besteht hauptsächlich aus Natriumchlorid mit einem Anteil von bis zu drei Prozent anderer Salze wie unter anderem Magnesiumchlorid und -sulfat. Zur Verbesserung seiner Eigenschaften werden meist noch geringe Mengen anderer Stoffe hinzugefügt. Derart bearbeitetes Salz wird auch raffiniertes Salz genannt.

Kochsalz wird zum Würzen in fast allen Speisen und Lebensmitteln mit unterschiedlichen Dosierungen verwendet. Brot kann man ohne Salz kaum backen. Überall dort, wo Mehl verarbeitet wird, gehört eine Prise Salz hinein, um die Stärke zu stabilisieren. Gemüse wird gewöhnlich im Salzwasser gekocht. Salz schliesst die Zellwände auf, womit das Gemüse weniger gekocht werden muss. Durch die kürzere Kochzeit bleiben wichtige Inhaltsstoffe erhalten.

Kumato-Tomate

Die Reifung der Kumato geschieht von Innen heraus, wodurch sie im Handel als braun-grüne bis rot-braune Tomate erhältlich ist. Die optimale Reifung ist erreicht, wenn die Tomate eine rotbraune Farbe mit leichter Grünfärbung am Stielansatz besitzt. Die Kumato zeichnet sich durch ihr sehr intensives Aroma und ihre lange Haltbarkeit aus. Sie ist keine gentechnisch veränderte Tomatensorte, sondern eine Hybridzüchtung aus verschiedenen europäischen Tomatensorten.

M

Meersalz

Die mineralische Zusammensetzung von Meersalz kommt der des menschlichen Blutes wesentlicher näher, als das beim handelsüblichen Kochsalz der Fall ist. Ich empfehle auch in der Küche die Verwendung von Meersalz anstelle von Speisesalz.

An Küsten, zum Beispiel in Frankreich, Spanien, England, Portugal, Italien und Afrika, wird Meerwasser in künstlich angelegte flache Becken oder flache Seen geleitet. Die Salzkonzentration steigt durch die Wasserverdunstung durch Sonne und Wind an. Nach ausreichender Aufkonzentration wird das Wasser in flache Becken geleitet, in denen nach weiterer Verdunstung das Salz am Grund der Becken auskristallisiert. Diese Becken zeigen meistens eine intensiv violette Färbung, hervorgerufen von Bakterien, die nur in hoher Salzkonzentration leben können. Nach dem Trockenfallen oder der Entfernung des Restwassers wird die Schicht mit maschinellen Kratzern oder auch manuell von den Salzbauern geerntet. Es wird in grossen Bergen zwischengelagert.

Maldon-Salz – Maldon Sea Salt

Salz, das in der Maldon-Bay in Essex/England gewonnen wird, auch bekannt als 'Halen Môn pure white sea salt'. Dieses Salz erinnert mich an Eiskristalle. Die Produktion des Maldon-Salzes beruht auf den vorteilhaften trockenen Bedingungen, die es dem Mineral ermöglicht haben, sich an der Ostküste von England zu entwickeln und zu blühen.

Manchego

Manchego ist ein Käse, der aus Schafmilch der Rasse Manchega in der spanischen Region Kastilien-La Mancha von registrierten Produzenten hergestellt wird. Manchego-Käse darf aus pasteurisierter Milch hergestellt werden. Wird stattdessen nichtpasteurisierte Rohmilch verwendet, darf der Käse als Queso Manchego Artesano (handwerklich erzeugter Manchego-Käse) bezeichnet werden.

Manchego-Käse wird in unterschiedlichen Reifezuständen angeboten: Frisch (fresco; frisch), 3–4 Monate alt (curado; gereift) oder bis zu einem Jahr gereift (viejo; alt). Für das Carpaccio würde ich viejo empfehlen.

Mandarinenolivenöl

Bei gutem Mandarinenolivenöl werden reife Mandarinen zusammen mit den Oliven zermahlen und gepresst. Eine ideale Geschmackskombination ist grüner Spargel mit Mandarinenolivenöl.

Murray River Flake Salt – Rosa Flusssalz

Das Murray River Flake Salt ist bekannt für seine zarte Roséfarbe. Es wird nicht aus dem Meer, sondern aus dem grössten Fluss Australiens gewonnen. Im Murray-Darling-Becken wird das stark salzhaltige Flusswasser in Verdunstungsbecken geleitet, um das Salz auszufällen.

O

Olivenöl

Kaltgepresstes Olivenöl ist anders als die meisten anderen Pflanzenöle, die durch Raffinierung hergestellt werden, ein reines Naturprodukt. Es wird trotz seines relativ geringen Anteils an den für den Menschen gesundheitsfördernden essentiellen mehrfach ungesättigten Fettsäuren als gesund bewertet. Kaltgepresstes Olivenöl setzt sich aus 77% einfach ungesättigten, 9% mehrfach ungesättigten und 14% gesättigten Fettsäuren zusammen.

Die Bezeichnung 'extra vergine' entspricht dem deutschen 'Nativen Olivenöl Extra' und ist eine Qualitätskennzeichnung für Olivenöl.

Orangenolivenöl

Für dieses Öl werden frische Orangen und Oliven zusammen zermahlen und gepresst.

P

Périgord-Trüffel (Tuber melanosporum)

Das Original des Schwarzen Trüffels kommt aus der südfranzösischen Grafschaft Périgord. Natürlich gibt es auch in anderen Regionen Schwarze Trüffel, z. B. in der Provence, in den spanischen Pyrenäen oder in der Gegend von Spoleto (Umbrien) oder in Norcia (Marken), letztere beide in Italien.

Der Périgord-Trüffel wurde früher mit Schweinen und wird heute vor allem mit Hunden aufgespürt. In der Küchensprache nennt man ihn den Diamanten der Küche. Beim ehrenwerten Geschäft mit diesen schwarzen Diamanten ist Vertrauen alles, genau wie bei den Edelsteinen: Vertrauen des Händlers zum 'Courtier', der den Trüffelsuchern vor Ort ihren Fund abkauft; Vertrauen von uns Gastronomen oder des Privatkunden zum Händler.

Ich hatte einmal das Glück, von einem Koch, mit dem ich in Frankreich zusammenarbeitete, zu seinem Vater auf die Trüffelfelder eingeladen zu werden. Da, wo die Trüffel verborgen sind, sieht es aus wie verbrannte Erde. Die Trüffel verbrauchen so viele Nährstoffe, dass der Boden in einem Umkreis von mehreren Metern sichtbar austrocknet. Das kann rund um eine Eiche sein, jedoch auch etliche Meter davon entfernt.

Ein guter Verwandter ist der Tuber brumale (Schwarzer Wintertrüffel); sein Fruchtkörper ist etwas kleiner, seine Farbe weniger glänzend und das Fleisch weiss und grauschwarz durchzogen. Schwarze Trüffel kann man roh essen, sie schmecken aber gekocht intensiver.

Pimpernelle

Pimpernelle, auch der Kleine Wiesenknopf genannt, wird in der Küche leider sehr wenig verwendet, obwohl sie ein fester Bestandteil der traditionellen, aus sieben Kräutern bestehenden Frankfurter Grünen Sauce ist. Verwendet werden nur die jungen Blätter, die meiner Meinung nach nach erntefrischen Baumnüssen schmecken. Laut Literatur hat die Pimpernelle einen hohen Gehalt an Vitamin C und wirkt appetitanregend.

Pro Specie Rara

Pro Specie Rara ist eine schweizerische, nicht-Profit-orientierte Stiftung. Sie wurde 1982 gegründet, um gefährdete Nutztierrassen und Kulturpflanzen vor dem Aussterben zu bewahren. Spiegelschaf, Wollschwein, Rote Gartenmelde, Ringelranden, Goldmöstler und viele andere beleben seither wieder Felder, Höfe und Wiesen.

Q

Quendel

Wird auch als Wilder Thymian bezeichnet und ist sehr aromatisch im Geschmack.

R

Rande – Ringel-Rande

In der Schweiz gebräuchlicher Name für Rote Beete oder Rote Rübe (D) oder Rahne (A). Die Ringel-Rande ist optisch attraktiv. Sie wirkt roh und frittiert am eindrücklichsten.

Rauch-Salz – Smoked Salt

Rauch, Feuer, Geräuchertes – diese Eindrücke vermittelt das Aroma dieser Salz-Variante. Meist über Buchenholz geräuchert, findet das Salz vor allem bei Fischgerichten und Grillgut Anwendung. Nordische Völker gewannen ihr Salz, indem Meerwasser oder Sole auf das brennende Feuer gegossen wurde. Der Wasseranteil verdampfte, und das ausgefällte Salz haftete an den verkohlten Holzscheiten. Es wurde vom Holz abgekratzt und konnte dann verwendet werden.

Rotes Hawaii-Salz – Hawaiian Red Alaea

Bei den Hawaiianern spielte dieses Salz eine bedeutende Rolle bei Ritualen, z.B. sollte die Sicherheit von Kanus und Häusern damit erhöht werden. Es wurde aber ebenso für medizinische Zwecke eingesetzt. Heute wird das Salz vor allem in der traditionellen hawaiianischen Küche benutzt. Ich verwende dieses Salz gerne wegen seines Geschmacks und seiner dekorativen Farbe. Es eignet sich zum Würzen von jeglichem Grillgut, rohem Fisch, Gemüse, kalten Pilzgerichten usw.

Rohrzucker

Warenbezeichnung für Haushaltszucker (Saccharose), der aus Zuckerrohr gewonnen wird. Zuckerrohr ist ein Gras mit 4 bis 6 cm dicken Stängeln mit einem süssen Saft, der zur Zuckerproduktion ausgepresst wird.

Vollrohrzucker (Muskovade) ist unraffiniert und enthält alle im Zuckerrohr enthaltenen Mineralien, insbesondere Eisen, Magnesium und Calcium, sowie B-Vitamine. Charakteristisch für diesen Zucker ist der karamellartige Eigengeschmack.

S

Schwarzes Hawaii-Salz – Hawaiian Black Salt

Dieses Salz sieht aus wie kleine schwarze glänzende Lavastückchen. Es eignet sich als Finish für viele Gerichte. Sparsam eingesetzt, verleiht es den Speisen eine interessante optische Note. Die schwarze Farbe erhält es durch die Beifügung hochreiner Aktivkohle (ein Nahrungsergänzungsmittel), bekannt für eine antitoxische und verdauungsfördernde Wirkung. Das Salz ist reich an Mineralstoffen und Spurenelementen und äusserst mild und knusprig im Geschmack. Ein wirkliches aussergewöhnliches Salz vom anderen Ende der Welt.

Steinpilz (Boletus edulis)

Junge Steinpilze gehören zu den wenigen Pilzen, die auch roh gegessen werden dürfen. Ihr Genuss, seien sie nun in dünne Scheiben geschnitten für einen Salat oder für ein Steinpilzcarpaccio (siehe Seite 68) oder mit einem Trüffelhobel über ein Rindercarpaccio gehobelt, gehört zu den höchsten kulinarischen Glücksgefühlen, die ich kenne.

Es gibt verschiedene dem Steinpilz ähnliche Arten, wie etwa den Boletus aereus (Bronzeröhrling), den Boletus pinicola (Rothütiger oder Kiefernsteinpilz) oder den Boletus aestivalis (Sommersteinpilz).

T

Toggenburger Försterkäse

Die Käserei Diriwächter AG, die den Toggenburger Försterkäse seit 1995 produziert, stellt davon pro Jahr rund 20 Tonnen her. Das Produkt wird hauptsächlich in der Ostschweiz verkauft und ist seit fünf Jahren mit der Bezeichnung AOC (Appelation d'origine controllé) geschützt.

Tropic-Pfeffer

Eine Gewürzmischung aus weissem, schwarzem und grünem Pfeffer, Nelkenpfeffer und Schinus-Früchten (rotem Pfeffer).

Trüffelöl

Reines Olivenöl mit Aroma von weissen oder schwarzen Trüffeln. Leider hat dieses Öl nie einen echten frischen Trüffel gesehen.

Trüffelsaft

Trüffelsaft (jus de truffes 'première cuisson') gibt es in der Dose zu kaufen. Für den Saft werden die Trüffel mit wenig Wasser und Salz gekocht. Dabei verliert der Pilz ein Viertel seines Gewichts, gibt aber gleichzeitig viel Geschmack an den Saft ab.

V

Vanilleschoten

Die Vanilleschote ist ein Gewürz, welches aus den fermentierten Kapseln verschiedener Arten der Gattung Vanilla gewonnen wird. Vanille in Stangenform wird auch als 'Königin der Gewürze' bezeichnet und ist nach Safran das zweitteuerste Gewürz.

Die wichtigste Art für die Erzeugung von Vanilleschoten ist die Gewürzvanille (Vanilla planifolia). Sie stammt ursprünglich aus Mexiko und Mittelamerika, wird heute aber überwiegend auf Madagaskar, Réunion (früher Île Bourbon genannt) und anderen Inseln des Indischen Ozeans angebaut. Gewürzvanille wird im Handel unter den Bezeichnungen 'Bourbon-Vanille' und 'mexikanische Vanille' angeboten. Neben der Gewürzvanille ist nur noch die Tahiti-Vanille (Vanilla tahitensis) von kommerzieller Bedeutung. Sie wird im südpazifischen Raum angebaut und ist eine nahe Verwandte der Gewürzvanille, unterscheidet sich von ihr jedoch im Aroma. Die Tahiti-Vanille enthält weniger Vanillin, jedoch höhere Gehalte an anderen aromatischen Substanzen, die den Schoten ein blumiges Aroma verleihen.

W

Weisse Trüffel (Tuber magnatum)

Der weisse Trüffel ist ein Schlauchpilz mit rundlichem Fruchtkörper; er wächst unterirdisch und ist ein Mykorrhizapilz von Eiche, Haselnuss, Pappel, Weide usw., d. h., er lebt in Symbiose (Lebensgemeinschaft) mit den Baumwurzeln. Weisse Trüffel kommen in der Gegend der Langhe, im italienischen Piemont, rund um die Stadt Alba, vor. Früher wurden zur Trüffelsuche Schweine eingesetzt. Heute sind es mehrheitlich abgerichtete Hunde: Diese sind gehorsamer und neigen nicht dazu, den kostbaren Fund gleich aufzufressen. Dafür werden sie mit Käse oder Süssigkeiten belohnt.

Der Beiname 'magnatum' kommt vom lateinischen 'magnates' (die Herren), die Reichen, dies wegen des Preises. In der Tat sind Trüffel sündhaft teuer, doch wer sie noch nie gegessen hat, hat etwas verpasst im Leben. Dies hat nichts mit Snobismus zu tun; das geheimnisvolle, unvergleichbare, animalische Aroma rechtfertigt den Preis. Weisse Trüffel sollte man roh essen.

Z

Zitronenpfeffer

Im Handel erhältliche Gewürzmischung aus schwarzem Pfeffer, Meersalz, Zitronenschale, Ingwer, Kurkuma und Zucker. Ideal zum Würzen von Fischgerichten.

Register

A

B

C

Was Sie schon immer über Wein wissen wollten...

Chandra Kurt ist die bekannteste Schweizer Weinautorin. Sie hat über ein Dutzend Weinbücher verfasst, zudem ist sie Co-Autorin von Hugh Johnsons «Der kleine Johnson», Tom Stevensons «Wine Report», Stuart Pigotts «Wein spricht Deutsch» und Jancis Robinsons «Oxford Weinlexikon». Chandra Kurt ist 1968 in Sri Lanka geboren und lebt in Zürich.

Weinführer für Schnäppchenjäger

Chandra Kurt

Weinseller 08/09

200 Seiten, broschiert
ISBN 978-3-85932-594-4
CHF 32.00 / EUR 20.00

Wie gut sind die Weine des Detailhandels? Jedes Jahr verkostet die Weinexpertin Chandra Kurt das Kernsortiment des Schweizer Detailhandels. Über 500 Weine trägt sie zusammen, listet sie auf und beschreibt sie ausführlich. Das Buch ist ein Wegweiser zum preisgünstigen Wein, gehört zu den Bestsellern der Weinliteratur und beweist, dass guter Wein nicht teuer sein muss.

Chandra Kurts gesammeltes praktisches Wissen

Chandra Kurt

Chandras Weintipps

202 Seiten, broschiert
ISBN 978-3-85932-500-5
CHF 29.90 / EUR 18.10

Das Buch beantwortet über 70 Fragen zum täglichen Umgang mit Wein. So etwa, ob man Weinbewertungen in den Medien trauen kann, wie lange eine offene Flasche Wein gut bleibt oder wie viele Kalorien in einem Glas Wein stecken. Chandra Kurt weiss aus eigener Erfahrung, wie es schmeckt, wenn man mit Zapfen-Wein kocht oder wie man einen müden Wein etwas auffrischen kann.

Luc Hagmann setzt sich intensiv mit Umwelt- und Konsumfragen auseinander. Nach dem Publizistikstudium arbeitete er als Redaktor, Journalist und Fotograf für verschiedene Zeitungen und Zeitschriften sowie für internationale Umwelt- und Entwicklungsorganisationen. Daneben gehörte er lange Zeit dem freien Mitarbeiterstab der Weinfachzeitschrift «Vinum» an.

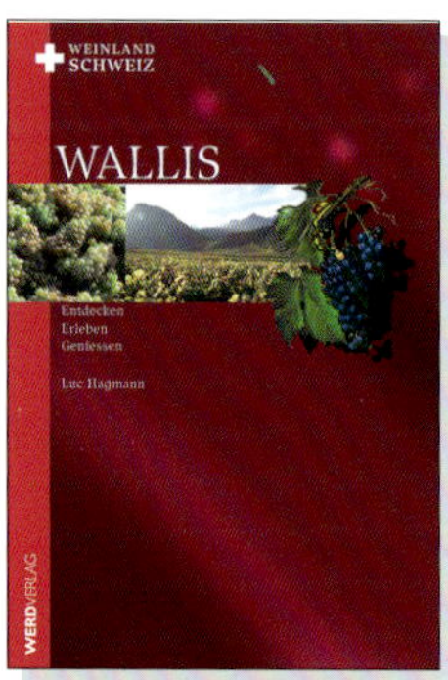

Luc Hagmann

Weinland Schweiz Wallis

144 Seiten, mit zahlreichen
farbigen Abbildungen, gebunden
ISBN 978-3-85932-453-4
CHF 39.90 / EUR 24.20

Für Weinfreunde, die mehr über Wein wissen wollen und gerne auf Entdeckungsreisen gehen. Das Wallis ist der grösste Weinbaukanton der Schweiz und zugleich eine beliebte Ausflugsregion. Dieses reich bebilderte Buch trägt beiden Aspekten Rechnung. Luc Hagmann beschreibt die wichtigsten Merkmale der Weine aus dem Wallis, stellt Winzer und Produzenten vor, degustiert ihre Produkte, weist auf Weinveranstaltungen, Hotels und Restaurants hin und durchstreift auf sechs Wanderrouten die einzelnen Regionen.

Luc Hagmann

Weinland Schweiz Ostschweiz

168 Seiten, mit zahlreichen
farbigen Abbildungen, gebunden
ISBN 978-3-85932-481-7
CHF 39.90 / EUR 24.20

Die Weinkultur der Ostschweiz entdecken, erwandern und geniessen. Das Motto lautet: Neue Ideen, neue Verfahren, neue Traubensorten. Diesen Reichtum aufzuzeigen und auf die önologischen Schätze aufmerksam zu machen, ist Ziel dieses Buches. Der Autor beschreibt die wichtigsten Merkmale der Ostschweizer Weine, erklärt, warum hier diese Rebe wächst und dort eine andere, wo man Weine probieren, die Produzenten kennenlernen und etwas über ihr Handwerk erfahren kann. Dies alles anhand von acht Wanderungen und Ausflügen.

(Preisänderungen vorbehalten)

WERDVERLAG
www.werdverlag.ch, buecher@werdverlag.ch
Tel. 0848 848 404 (CH), Tel. 07154 13 270 (D)

Wegweiser zum Genuss

Claus Schweitzer

Ferienwohnungen und Ferienhäuser zum Träumen

200 Seiten, broschiert
ISBN 978-3-85932-614-9
CHF 39.90 / EUR 24.90

100 Ferienträume zu paradiesischen Mietpreisen. Endlos viele Anbieter, Kataloge oder Websites bieten ihre Vermittler-Dienste an – aber kaum verlässliche, kritisch geprüfte Informationen. Dieser Führer versammelt erstmals eine Auswahl traumhafter Ferienwohnungen und -häuser im Herzen Europas. Sehnsuchtsziele mit einem Preis-Leistungs-Verhältnis, das ein Lächeln auf Geniessermienen zaubert.

Claus Schweitzer

Insider-Hotels

222 Seiten, broschiert
ISBN 978-3-85932-496-1
CHF 34.90 / EUR 21.15

222 Geheimtipps im Herzen Europas. In diesem Buch werden 222 sehr spezielle Hotels für einen kurzen Tapetenwechsel oder für ein lauschiges Wochenende zu zweit vorgestellt. Ob im Tirol oder im Burgund, in der Toscana oder an der Nordsee, in Graubünden oder in der Provence gelegen – jedes dieser liebevoll geführten Häuser ist eine Reise wert, auf schlichte oder luxuriöse Art.

Gabrielle Attinger

Wellness-Hotels

191 Seiten, broschiert
ISBN 978-3-85932-465-7
CHF 39.90 / EUR 24.20

Die Wellness-Hotels der Schweiz und Top-Adressen im benachbarten Ausland. Im Dschungel von Angeboten und Terminologien wird es immer schwieriger, echte Wohlfühloasen von Mogelpackungen zu unterscheiden. Für diesen Wellness-Führer wurden alle Hotels persönlich von der Autorin besucht, getestet, bewertet und nach Angebot geordnet.

Claus Schweitzer

Sympathische Gartenlokale

165 Seiten, broschiert
ISBN 978-3-85932-563-0
CHF 34.90 / EUR 21.15

150 heisse Adressen für den Sommer in der Schweiz. Was gibt es Schöneres, als im Freien zu schlemmen? Dieses Buch präsentiert 150 traumhafte Gartenlokale in den grössten Schweizer Städten und deren Umgebung. Ob romantischer Geheimtipp, bewährter Klassiker oder trendiger In-Place: Jedes der getesteten und kritisch beschriebenen Freiluft-Restaurants ist eine Perle, wo Sie das gute Gefühl erwartet, an einem besonderen Ort zu verweilen.

Gabrielle Attinger

Weekends für Geniesser

178 Seiten, broschiert
ISBN 978-3-85932-556-2
CHF 34.90 / EUR 21.15

20 Tipps für die kleinen Ferien in der Schweiz. Wer spontan übers Wochenende wegfahren möchte, braucht keine wertvolle Zeit für die Planung und Informationsbeschaffung zu verschwenden. In diesem Führer findet man alle Tipps für die jeweils stimmige Unterkunft, die besten kulinarischen Adressen und alle nötigen Angaben, was z.B. Velomiete, Öffnungszeiten von Museen, Einkaufsmöglichkeiten und Wellness anbelangt.

Claus Schweitzer

Schiffsreisen

200 Seiten, broschiert
ISBN 978-3-85932-601-9
CHF 44.90 / EUR 28.10

47 Kreuzfahrtschiffe für einzigartige Ferien-Erlebnisse für jedes Budget. Kreuzfahrten? Die sind doch entweder versnobt oder verschnarcht! Das war einmal. Dieses Buch gibt mit einem ausführlichen Ratgeberteil klare Entscheidungshilfen auf der Suche nach dem individuell richtigen Schiff. Aufgeführt sind jene Schiffe, bei denen das Gesamterlebnis und die Kosten stimmen.

(Preisänderungen vorbehalten)

WERD VERLAG
www.werdverlag.ch, buecher@werdverlag.ch
Tel. 0848 848 404 (CH), Tel. 07154 13 270 (D)